JN119537

梶尾 悠史

倫理学から考える道徳教育

歴史・理論・実践

三恵社

はじめに

　本書は道徳教育について、大きく「歴史」「理論」「実践」という三つの側面から考察します。加えて、本書は一貫して倫理学の視点から道徳教育を論じます。つまり、倫理学という一つの視点から道徳教育の多様な側面に光を当てることが、本書の大きな特徴です。

　倫理学は「正しい／不正である」などの道徳的価値や「すべきである／すべきでない」という行為の規範について根本から考える、哲学の一分野です。哲学は物理学や歴史学などと同じく個別科学の一つですが、しかし、哲学に携わることは他にはないある特別な態度を必要とします。それは、私たちが素朴に受け入れている最も基本的な常識から、いったん距離を置く態度です。たとえば、物質世界が存在するという常識や、時間が過去から未来へ流れているという常識などです。このような当たり前のことをあえて疑い、それらを受け入れるのを止めることから哲学は始まります。

　どうして、哲学者はそのような非常識とも思えることをするのでしょうか。理由はこうです。哲学者は、どうやってこれらの常識が現在の私たちの思考や行為を支配するようになったのかを明らかにしたいのです。そして、そのために、常識が私たちを支配する以前の初期状態に立ち戻り、そこから再出発して、私たちが常識を構成していく過程をたどり直すという方法をとります。ですから、実は、哲学者は非常識だというのは間違っています。というのも哲学者は常識を否定するのではなく、むしろ、それ以前に遡るという意味で前常識（常識以前）の態度に徹しているだけだからです。

　さて、倫理学（道徳哲学）では「正しい／不正である」などの道徳的価値や、

「すべきである／すべきでない」という行為の規範を扱うのでした。その際、価値や規範にかんする常識をリセットして、それらが私たちに受け入れられている理由を根本から問い直します。それは、道徳をまだ知らない子どもの視点から考えることにほかなりません。けれども、このような思考態度は、道徳教育に携わる教師にこそ求められるのではないでしょうか。というのも、教師は子どもの立場に寄り添って道徳を教えようとするならば、自分がもっている既存の価値観をいったん括弧に入れる必要があるからです。

　別の言い方をすれば、自分の価値観に固執する教師は、子ども自身の体験や感情、生活背景といったものを置き去りにしている、ということです。本編で見るように、このような教師本位の道徳教育は多くの問題をはらんでいます。しかし、これまでこのような教育がごく普通に行われてきたように思うのです。このことについて、少し立ち止まって考えてみましょう。

　読者のみなさんは、道徳の授業についてどのような記憶があるでしょうか。少し思い出してください。私はどういうわけか中学校で道徳を受けた記憶が全くありません。ですが、小学校での道徳のことはよく覚えていて、当時どんな気持ちで授業を受けていたのかも漠然と思い出せます。道徳について、筆者は苦手意識をもっていました。はっきり言って苦痛な時間だったと思います。何が苦痛かと言うと、友達の前で意見を言わされたり感想文を書かされたりすることです。多くの場合、物語文を読んだ後にこうした課題が出されるのですが、文章に書かれてもいない登場人物の気持ちなどについて聞かれても、「わかりません」としか答えようがないのです。それでも教師は何かしらの言葉を発するようプレッシャーをかけてきます。それは苦痛以外の何ものでもありませんでした。（学校では他にもそのような場面がたくさんありました。）

　そればかりか、教師は苦心してひねり出した子どもの言葉を否定しさえしま

す。筆者が小学三年生の頃に経験した出来事を一つ紹介しましょう。二学年下の妹が持ち帰った学級通信のようなものが卓袱台の上にあったので、なんとなく見ていました。「おおきなかぶ」を読んだ児童の感想文が掲載されていて、一つひとつに担任のF先生のコメントが書き添えられていました。その中の一つにJ君の感想文がありました。このような内容です。「ねずみなんかいなくても、大きなかぶは、ぬけたはずだと思います。」この言葉に対してF先生はこともあろうに大きなバツ印をつけ、こう書いていたのです。「そんなことを言うものではありません。」

　これは幼い頃の雑多な記憶のうちの一つにすぎません。それでもなぜか時折ふと思い出し、J君や先生の言葉の意味について考えることがあります。F先生は、道徳教育の一環としてこのような指導を行ったのでしょう。そして、J君の言葉は道徳に反していると考えて「×」をつけたのだと思います。しかし、そもそも道徳とは何でしょうか。仮にJ君の答えが道徳的に正しくないとして、では、先生の考えを先回りしてその通りに答える子ども（筆者もその部類の子どもでした）が正しいというのでしょうか。また、どのようにして道徳は教えられるのでしょうか。大人の代表として自分の価値観を子どもに押し付けることによってでしょうか。それとも、何か他の方法があるのでしょうか。

　「道徳とは何か。」「どのようにして道徳は教えられるのか。」この二つが本書の全体を貫く問いです。前の問いは道徳の本質論に、後の問いは道徳教育の方法論に関わる問題として、それぞれ区別して論じられてきました。また、前者は古くから倫理学において追究されてきました。他方、後者に関しては、多くの教師が授業実践を通して探求し、豊富な知見が蓄積されています。しかし、二つの問いは一体的に考察されるべきであるというのが筆者の考えです。というのも、「どのように」教えるかの理解は、教える事柄が「何であるか」の理

解なしに成り立たないからです。つまり、道徳の本質論が道徳教育の方法論を規定するということです。そのような理由から、本書では方法を扱う際も、常に倫理学の知見を念頭に置きながら論じていくことになります。

　なお本書は、筆者が大学で担当している「道徳教育の理論と方法」の講義原稿をテキストにまとめたものです。10の章からなり、各章が90分授業1回に相当します。本書を教科書として使用する場合、この「はじめに」を初回オリエンテーションとして、11回分の授業をカバーできます。通常、大学の授業は全15回なので、残り4回を指導案の作成や模擬授業の実施にあてるとよいでしょう。本書で得た知見を活かして、これらの実践的課題に取り組んでもらえることを期待しています。

目　次

第Ⅰ部　道徳の哲学

第Ⅱ部　道徳教育の歴史

凡　例

1．本書は、全 5 部 10 章からなる。

2．注は各章ごとに、章末に付した。

3．著書名は『　』で、論文名は「　」で示した。

4．本文中において引用は「　」で示した。ただし 3 行以上にわたる引用については、本文から独立させて全体を 2 字下げて記載した。

5．本文中においてキーワードとなる重要な語句は〈　〉内に入れた。

6．引用文において補足が必要な個所には、適宜〔　〕内に語句を補い、引用文中に挿入した。

第Ⅰ部
道徳の哲学

第 1 章　道徳とは何か

第 1 節　道徳の基本理念

　道徳とは何か？　この問いにみなさんはどう答えるだろうか。同じ質問を学生に投げかけると、多くの人は「社会の一員として守らなければならない基本的なルール」という答えを与える。たしかに私たちが「道徳」と呼ぶものは、「〜しなさい」や「〜してはならない」という命令形をとっており、この語法はさまざまなルールの中に共通して見出されるだろう。たとえば、「赤信号では止まりなさい」という交通ルールや、「縦の列に歩を二枚置いてはならない」という将棋のルールを思い浮かべればよい。

　しかし、言うまでもなく、ルールのすべてが道徳にかかわっているわけではない。私が「二歩」の禁じ手を破れば、対局相手から非難されるだろうが、それはあくまで将棋についての私の知識不足を詰るものであって、決して私の不道徳を批判しているのではない。私は将棋のプレーヤーとして欠格者かもしれないが、だからと言って道徳的に非難されるゆえんはない。

　また、頑なに法律を守ることによって、かえって不道徳の誹りを受けることもある。ある父親は、高熱に浮かされるわが子を自家用車で病院に連れて行くところである。深夜で車通りも少ない。このとき、その道路の法定速度が時速 40 キロだからといって杓子定規に 40 キロ以下で走行していたらどうであろうか。おそらく私たちは、父親の行き過ぎた遵法主義をかえって道徳に悖るものと考えるであろう。このとき、父親の道徳性に対する私たちの評価は、法律とは別のものを基準にして行われているであろう。

　さらに付け加えて言えば「悪法も法なり」という言葉があるように、現在の私たちの目から見て明らかに不正と言える法律が、ある時代や文化において施行されている場合がある。戦前の治安維持法などが、その例だといえる。現代の日本にも不正な法は存在するだろう。このような法を「悪法」と呼ぶとき、私たちはある別の法律を根拠としてそれらの法を悪と特徴づけているわけではない。

　道徳は法律など何かしらの規則として私たちに与えられるが、しかし規則そのものが道徳であるわけではない。おそらくこう考えるべきであろう。道徳は個別の規則の姿をとって個人に現象するが、実は、道徳そのものは、さまざまな規則の背後に実在し、それらの規則をまさに「道徳規則」にしているところの普遍的な理念なのである。私たちは、ある規則に従うことを「善い」とか「正しい」と考えるとき、その規則を超えて何か普遍的な理念を見て取っている。

　だとすれば、道徳とは何かを考えるとき、個別の規則にばかり目を奪われることによって、かえって道徳の本質が見失われることになりかねない。大切なことは、さまざまな規則に通底する理念をとらえることである。そのような理念として、黄金律がよく知られている。黄金律とは「自分が他人にしてもらいたいことを他人に対してしなさい」という考えだ。これ自体も一つの規則の形をとっているが、それは単なる規則というよりも、さまざまな道徳規則の根底に流れる普遍的な理念なのである。古来、多くの思想家が黄金律を多様な仕方で表現してきた。いくつか例を挙げよう。「人にしてもらいたいと思うことは何でも、あなたがたも人にしなさい」（『マタイによる福音書』、『ルカによる福音書』）「己の欲せざるところ、他に施すことなかれ」（『論語』）「他人からしてもらいたくないと思ういかなることも他人にしてはいけない」（『マハーバーラタ』）「自分が人から危害を受けたくなければ、誰にも危害を加えないことであ

る」（ムハンマドの遺言）等々。

　黄金律の根本にあるのは「他者を配慮せよ」という考えであり、この考えは利他主義と呼ばれる。このように、古来、人々は道徳を通して、他者の幸福を配慮する生き方を推奨してきたのである。

第2節　規則の正義

　以上からわかるように、道徳は「幸福」ということと深くかかわっているようである。古来、西洋の哲学は、道徳について幸福という概念と結びつけて論じてきた。つまり、「どうすれば善く生きられるか」と「どうすれば幸福に生きられるか」という二つの問いが、分かちがたいものとして一体的に追究されてきたのである。この議論の方向が正しいとすれば、人は善く行為することによって、また幸福にもなれるはずである。だが、翻って、道徳が追究する幸福とは、先述のように他者の幸福であった。すると、自己の幸福を追い求めることと他者の幸福を願うことは必ずしも両立しないのではないか、という疑問が生じるかもしれない。仮に幸福とは自己の利益であるとしよう。その場合、他者の幸福を望み行動する〈善い生き方〉と、私益をめざし実現する〈幸福な生き方〉は、ときに激しく対立するように思われる。

　これは「道徳」をめぐる難題の一つである。と同時に、両立困難かに見える善と幸福とを人生において統合する概念が、他ならぬ「道徳」であることを強調しておきたい。道徳は英語で"moral"（モラル）であり、この言葉はラテン語の"mores"（モーレス）に由来する。それは超個人的な社会規範であって、しばしば規則や法則の形で表現される。だが、自然界の中に予め存在する自然法則と異なり、道徳はそれぞれの文化や共同体に固有の気風ないし気質として、

歴史を通じて醸成されるのを常とする。ちなみに、道徳の発生源たる各文化の気風・気質をギリシア語で"ἦθος"(エートス)と言い、これは"ethic"(エシック；倫理)の語源となった。

　道徳という語のこうした含意は、漢字の「道」のうちに明確に表れている。道とはすなわち、ある社会や文化のなかで判断したり行為したりする際に参照すべき条理・道理である。なるほど、道徳はこれを自立した規則として見るならば、社会を構成する各個人の間で取り交わされる「社会契約」という側面をもつであろう。しかし、社会契約は成文として始めから存在するわけではない。社会全体に共有されるエートスが醸成され、それがやがて制度や社会的合意という形をとって契約となるというのが実情である。

　さて、契約に先立って醸成されるエートスであるが、それは社会の構成員である「私たち」みんなの幸福を志向する場の空気と言える。T・ホッブズ(1588-1679)は哲学的な思考実験によって、そのようなエートスが醸成される過程を、社会契約が成立する以前の「自然状態(state of nature)」に遡って再構成した(1)。彼の思考を跡付けることによって、道徳と幸福の関係が見通しやすくなるであろう。まずホッブズは、もし道徳や法律がなければ私たちの社会はどうなるだろうか、と問う。もちろん、そのような社会には規則を実施する様々な仕組み、たとえば政府や警察、裁判所もない。このような状態において各人は自分の欲するままに行動するであろう、すなわち「万人が万人を敵とする闘争状態」(2)が出現するだろう、というのが彼の答えである。このような不幸な事態が生まれる要因はいくつかあるが、最も重要なのは、人間は本質的に利己的な存在であるという動かしがたい事実である。

　人間は利己的であるからこそ、この殺伐とした闘争状態から逃れたいと望む。そこでホッブズは、このような闘争状態を解消するためにどうすればよいか、

と問い進める。この問いに対する彼の答えは、概略、以下のようなものである。自然界から少しでも多くの果実を得るために、私たちは相互に「取り決め」に合意しなければならない。たとえば「お互いに傷つけ合ってはならない」「お互いに誠実でなければならない」など。こうした取り決めに合意したとき、自然界から得られる自分の取り分がある程度制限される一方、自分の財産が他者から侵害される危険を最小化することが可能となる。最後に、それらの規則を施行するのに必要な権力を備えた機関（国家）の設立が同意されなければならないと述べ、ホッブズはこれらの社会契約の総体を道徳と呼んだ(3)。

　ホッブズの思考から道徳の本質を学ぶことができる。道徳とは人々がお互いの利益のために取り交わす約束の総体であり、根底には「自分の利益を守るために、他者の利益も尊重する」という思想がある。この思想は、先の黄金律（「自分が他人にしてほしいことを他人になせ」）と実質的に同じことであり、ホッブズは黄金律を利己主義的に解釈したのだと言うこともできる。というのも、彼によれば、人は自己の幸福を最大化するために、戦略的に他者の幸福を配慮するのであるからだ。利己主義をそこまで強く押し出さずとも、間違いなく言えることは、道徳とは利他的な人を幸せにするよう設計された約束であるということであり、これこそが黄金律の真意なのである。であれば、道徳規則を遵守する「善い人」と、多くの利益を手に入れる「幸福な人」は、おのずと一致するであろう。

第 3 節　卓越の正義

(1)　アレテー

　以上、社会の中で取り交わされる約束ないし「規則」という道徳の側面を見

てきた。だが、道徳には個人に帰属する「徳」という、もう一つの別の側面がある。道徳という語に含まれる漢字の「徳」の意味するところは、個人が有する能力・実践力である。一方の「道」が英語の"moral"に対応するのに対して、他方の「徳」に対応する英語は"virtue"である。この語はラテン語の"virtus"に由来し、さらに遡れば、「卓越性」や「長所」、「美点」、「優秀さ」を表すギリシア語の"ἀρετή"（アレテー）から元来の意味を受け継いでいる。アレテーとは、簡単に言えば、あるものがその固有の機能を果たすために備えるべき性質のことだ。これが道徳のもう一つの側面である。

　再び道徳と幸福の関係について、今度はアレテーの側面から考えてみよう。古代ギリシアの人々は、次のように考えていたと言われる。すべての事物は、自然物であれ人工物であれ、自身がどの種・類に属するかに応じて、それぞれ異なる目的をもって存在している。そして、各個体には、そのものに固有の目的に仕える能力としてのアレテーが、多かれ少なかれ備わっていると考えられた。たとえば馬は、人を迅速に移動させることを目的として、この自然界に存在している。また、馬という種に属するどの個体も、この目的を首尾よく実現するために「足の速さ」という能力を備えていなければならない。別の例を挙げるならば、ナイフは物を切るために存在する。したがって、どのナイフも「切れ味のよさ」という美点を有しているはずである。切れないナイフはもはやナイフではない。

　馬のアレテーは足の速さであり、また、ナイフのアレテーは切れ味のよさだということになる。ここで注目すべきは、こうした多様なアレテーが、それぞれの個体の「善さ」の実質的な意味をなしているということである。たとえば、「善い馬」とはすなわち「足の速い馬」のことであり、あるいは、「善いナイフ」とは「切れ味のよいナイフ」にほかならない。

　おそらく「善さ」に関するこのような考え方は、現代の私たちにとって馴染みにくいものであろう。というのも、第一に、この考え方は能力主義に立つように見えるが、通常、私たちは個人の能力と道徳性とを切り離して考えるからである。第二に、現代の私たちの多くは、何らかの規則に従うことの中に道徳的な正しさということの典型を見出す傾向があり、このこともギリシア的道徳観に対する違和感の要因である。実際、本章の議論も、道徳は規則の形で表現されるという一般的な指摘から論を起こし、次にホッブズの哲学を手掛かりに道徳規則の正体が社会契約であることを突き止めた。だが、規則や契約に引き寄せて道徳を理解するこのような見方は、極めて近代的な倫理学のパラダイムだということに注意しよう。古代の人々はアレテーという概念を中心に、まったく違ったパラダイムのもとに人間の道徳性を理解していたのである。

(2)　人間のアレテーとしての理性

　人間のアレテーは何であろうか。つまり、人間はどのような目的に仕えて存在し、そして、その目的に資するいかなる固有の能力を備えているのだろうか。アリストテレス（前384-前322）は、「人間はロゴス（λόγος；言葉、理性）をもつ動物である」という有名な言葉を残している(4)。人間のみが、言葉を操る理性の能力を備えており、このことにより他の動物種から区別される。つまり、人間のアレテーは理性であるというわけである。

　理性とは、物事の真理を論理的に洞察する知性の働きだ。しかし、なぜ人間のアレテーは理性だと考えられるのか。別の仕方で問えば、なにゆえ「善い人間」は「理性の働きにおいて秀でた人間」だとみなされるのか。たとえば、腕力の強い人間や、商才に富んだ人間なども、ある意味において優れた人間であるに違いない。だが、アリストテレスによれば、こうした人間は本当の意味で

善い人間とみなされるべきではない。では、腕力や商才、美貌など多種多様な優秀性を差し置いて、特に理性が人間存在にとって代表的な卓越性だとされる理由は何だろうか。このことを考えるとき、再び、道徳と幸福の関係がテーマとなる。ただし、古代ギリシアの人々が考える 幸 福（εὐδαιμονία）は、現代人が幸福（happiness）という言葉で理解するものと、必ずしも正確に一致するわけではない。

　私たちが「幸福」と言うとき、多くの場合、何か満ち足りた感情のようなものを指していることが多いのではないだろうか。好物のパンケーキを食べて、「ああ、幸せ」と言うような場合がそうであろう。あるいは、充実した教師生活を振り返りながら「幸せな教師生活だった」と述懐するときも、主観的な満足感が幸福という概念の実質的な意味であろう。それに対して、アリストテレスが幸福（エウダイモニア）と呼ぶものは、人生というプロセス的存在者の客観的なあり方であり、主観的感情と異なり、その人生を生きる当人以外の第三者によっても評価されうるものなのである。人生を一個の作品としてとらえれば、この考え方がよく理解できる。私たちは一人ひとり理想とする人生の形を思い描き、その完成に向けて人生という過程を歩んでゆく。幸福とは、この過程を歩み終えたときに初めて実現される、完成した人生の最も完全な形である。

　アリストテレスは、幸福（エウダイモニア）を人間のあらゆる活動の最終目的と位置づける[5]。人生の中にはさまざまな活動が織り込まれており、それらの一つひとつが個別の目的を目指して遂行される。健康を維持するために適度な運動を心がけたり、バランスのとれた食事をとったりするであろう。また、貯蓄を増やすために節制に努め、労働に勤しむ。だが、健康や富がそれ自体、人生の目的であるわけではない。健康は長生きするための手段であり、富は生活の質を向上させるため手段なのであって、このように目の前の目的を超えて

常にいっそう高次の目的が考えられる。このような手段と目的とからなる一連の系列を上昇していくと、やがて一つの究極目的に至る。それが幸福（エウダイモニア）である。

　私たちは幸福になるために、健康を志向したり蓄財を行ったりするのであって、その逆ではない。もちろん、健康も富も私たちにとって善いことであることは確かである。しかし、それらの善いことは、究極目的の実現に資する場合にのみ善と特徴づけられる、相対的な善であるにすぎない。健康も富もそれ自体で善ではない。健康や富を通じて幸福な人生が完成されるとき、そのときに限り、健康や富は善の一要素と理解されるのである。したがってアリストテレスは、多様な善を善たらしめる根本的な土台という意味で、幸福を「最高善」とも呼ぶ(6)。

　人間存在の目的が幸福（エウダイモニア）であるとすれば、幸福というこの目的に直接的に仕える能力が人間のアレテーであるということになる。いま見たように、健康や富その他の諸性質は、あくまで間接的に幸福を助けるものであるに過ぎず、また、最高善に資する人間の善さを完全には体現しえない。これらは人間のアレテーとして不適格である。

　では、幸福（エウダイモニア）はどのような仕方で、また、いかなる能力を通して実現されるのだろうか。幸福（エウダイモニア）は単独の行為によって一挙に実現するのではなく、むしろ、幸福への途上に位置する無数の事柄を成し遂げる過程において漸進的に成就される。自分が理想とする幸福の形を実現するために、当座の目標として何を目指し、どう行為すべきかを、私たちはそのつど考えながら生きている。人生は究極目的に向けて連なる、無数の中間的な目的に関する選択の連続である。たとえば、理想とする人生のより重要な要素は、家庭か仕事か（あるいはその両方か）。仕事に生きるとすると、どの職

業が望ましいか。また、その職を得るために具体的にどのような行動を起こすべきか。これらの問いに合理的な答えを与える力が理性である。人は理性の力によって合理的な選択を行い、結果、幸福（エウダイモニア）に至ることができる。それゆえ、人間のアレテーは理性なのである。

　アリストテレスによって理性は「知性的アレテー」と呼ばれるが、彼が言うように人間の徳は知性だけではない。彼は知性の他にさまざまな「人柄のアレテー」（勇気、節制など）を挙げている[7]。しかし、人柄のアレテーとされるものは、程度が過ぎると容易に悪徳に転じる。過剰な「勇気」はむしろ「向こう見ず」という悪徳であろう。逆に、「勇気」が過少だと「臆病」という反対方向の悪徳になる。彼は、真のアレテーを実現するためには過少と過剰の中庸を見極めることが大切だと言い、この中庸を見定める能力を理性に求める[8]。したがって、理性は人間のさまざまな優れた性質を可能にする必要条件なのであり、その意味でも他の諸々のアレテー以上に重要な位置を占めるのである。

第4節　ピュシスとノモスの対立

　アリストテレスの倫理学は、約束や規則をモデルにして道徳をとらえる近代以降の倫理学と大きく異なる見方を提案している。彼の徳倫理学（virtue ethics）の要諦は、正義とは個人の卓越性である、と表現できるだろう。徳倫理学によれば、最高の人生を送るためには、さまざまな慣習的価値を超えて、人間の自然的善を探究しなければならない。ここで言う自然的善とは、各個人が自分のもてる能力を抑圧されることなく自由に発揮できている状態を指す。

　以上の考え方は、古代のギリシア人によって広く受け入れられていたようである。プラトン（前427-前347）の著書『ゴルギアス』に登場するカリクレス

という人物は、非常に極端な仕方で、正義とは個人の卓越であるという主張を
打ち出している。以下に引用する。

　　　ところで、その自然（φύσις）と、法律習慣（νόμος）とであるが、この
　　両者は大抵の場合、互いに相反するものなのである。〔……〕

　　　しかしながら、ぼくの思うに、法律の制定者というのは、そういう力の
　　弱い者たち、すなわち、世の大多数を占める人間どもなのである。だから
　　彼らは、自分たちのこと、自分たちの利益のことを考えにおいて、法律を
　　制定しているのであり、またそれにもとづいて称賛したり、非難したりし
　　ているわけだ。つまり彼ら〔大多数の弱者〕は、人間たちの中でもより力
　　の強い人たち、そしてより多く持つ能力のある人たちをおどして、自分た
　　ちよりも多く持つことがないようにするために、余計にとることは醜いこ
　　とで、不正なことであると言い、また不正を行うことは、そのこと、つま
　　り他の人よりも多く持とうと努めることだ、と言っているのだ。というの
　　は、思うに、彼らは自分たちが劣っているものだから、平等に持ちさえす
　　れば、それで満足するからである。

　　　かくて、以上のような理由で、法律習慣の上では、世の大多数の者たち
　　よりも多く持とうと努めるのが、不正なことであり、醜いことであると言
　　われているのであり、またそうすることを、人びとは不正行為と呼んでい
　　るのだ。だが、ぼくの思うに、自然そのものが直接に明らかにしているの
　　は、優秀な者は劣悪な者よりも、また有能な者は無能な者よりも、多く持
　　つのが正しいということである(9)。

道徳的な正しさには、規則に従うことと、能力を発揮することの、二つの側

面があることを確認した。カリクレスは道徳のこの二側面を「法律習慣（ノモ
ス）」と「自然（ピュシス）」という言葉で対比させている。そして、ノモスの
正義とは、能力において劣る弱い人たちが自分たちの利益を確保する意図から
人為的に作った、偽りの正義であると言う。彼によれば、優れた人が自分の能
力をありのままに発揮し、自らの優秀性に応じて多くの利益を獲得すること、
このようなピュシスの正義こそが本物の正義なのである。そして、この道徳観
は、基本的に個人の卓越性を志向する点で、徳倫理の考えと軌を一にする。（た
だし、私益のみを追求するあり方が本当の卓越性なのか、は問題である。）

　このような能力主義に違和感を覚える人も多いかもしれない。しかし、一方
で、行き過ぎた平等主義がかえって不公正な事態を招くこともある。近年、運
動会のかけっこなどで、順序を競わず手をつないでゴールすることがあると聞
く。もし本当だとすれば、このような取り組みは、足の速い子の長所を不当に
抑圧するものと言わざるをえない。各個人が自分の長所をありのままに表出で
きること、このことが自然であり、正しいであろう。

　おそらく、平等や利他を志向する際に言われる「正しさ」と、個の能力の発
揮や伸長について言われる「正しさ」とでは、根本的に意味合いが異なると思
われる。どちらも道徳という概念の要素であるということができるかもしれな
い。しかし、カリクレスが述べるように、この二つの正義はしばしば対立する。
この対立は、自分の欲求を優先すべきか、それとも全体の秩序を配慮すべきか、
という個別のモラルジレンマとして現れる。

　本書の関心から切実な問題は、どちらの正義に重きを置くかによって、道徳
教育の目的や方法が変わってくるということである。一方で、ある種の能力の
発達を促すことが道徳教育の目的であると考え、そのためには主体的な活動を
取り入れるべきだと主張する人々がいる。他方で、既存の規則や価値観を注入

することが目標であると考える人々もおり、そうした人々は徳目の教え込みという方法を尊重する。個別のモラルジレンマと同様、道徳教育の方法論におけるこうした対立もまた、容易に解決できない困難な問題である。以下で見るように、道徳教育の歴史と方法論は、この対立軸を中心に論争的に展開してきたと言える。

注

（1）ホッブズ（角田安正訳）『リヴァイアサン　1』光文社、2014年、第13章参照。

（2）同上、216頁。

（3）ホッブズ（角田安正訳）『リヴァイアサン　2』光文社、2018年、第17章参照。

（4）アリストテレス（牛田徳子訳）『政治学』京都大学学術出版会、2001年、第1巻第2章、10頁。

（5）アリストテレス（渡辺邦夫・立花幸司訳）『ニコマコス倫理学（上）』光文社、2015年、第1巻第7章、54頁。

（6）同上。

（7）同上、第1巻第13章、97頁。

（8）同上、第2巻第6章、133-134頁。

（9）プラトン『ゴルギアス』岩波書店、1967年、118-120頁。

第 2 章　道徳は教えられるか

　前章で確認したように、道徳において二つの異なる正義が考えられる。一つは自然（ピュシス）の正義であり、これは、個人が目的の実現に向けて自身の能力を自由に発揮している状態である。二つ目は規則（ノモス）の正義と呼ばれ、利己的な欲求や行動が規則によって統制されている状態を指す。

　どちらを重視するかによって道徳教育のあり方も変わってくるであろう。ただ、一つ確実に言えるのは、いずれか一方に偏向することは学習者の道徳性にとって極めて有害な結果をもたらすということだ。決まりを守ることのみ強調していれば、ともすると、規則さえ守っていればよいという「事勿れ主義」を助長することになる。他方で、子どもの自然な欲求に委ねて傍観していたのでは、学級という小社会の中で「闘争状態」を生み出しかねない。

　敢えてアリストテレスの言葉を借用するならば、臆病と無謀の「中庸」に本当の意味での正義を見定めなければならない。このことは、望ましい性格の徳に向けて学習者を導きたいと願う、教師の課題である。しかし、道徳を教えるということが、果たして可能なのだろうか。本章ではこの問題を考える。

第 1 節　神が命じる道徳

　この問題を考えるにあたって、前章に引き続き、道徳の本質を明らかにする。道徳とは、その本質に即して考えたとき、いったい教えられうる何かなのだろうか。

　道徳の本質に迫るべく、まず、その現象に着目しよう。既に何度も述べたように、道徳は規則の形をとって私たちに与えられる。したがって、規則（ノモス）に従うことが正義であるとする見方は、一応の説得力をもつのである。一方、法律というのは、しょせん人為的に作られたものであり、制定者の恣意によっていかようにも操作されうる。古代ギリシア人は、本当の正義は法律のような相対的なものであってはならないと考え、人間が人間である限り不変的に有するある種の性質の中に、道徳の起源を求めた。よって、逆説的に聞こえるかもしれないが、個を基盤とする自然（ピュシス）の正義の方が、より強く道徳の普遍性を希求する見方なのである。

　では、道徳はそれ自体で規則なのであるという考えと、道徳は人為的に作られた相対的なものではないという考えを、両立させる道はないだろうか。つまり、絶対的な規則というものが考えられないだろうか。そのような考えは成り立つ。それは宗教道徳である。

　古来、道徳と宗教は深いつながりを有しており、たとえば聖職者は宗教の代表であると同時に、道徳の教師とみなされてきた。その理由は、道徳と宗教がある点において似ているからである。おそらく科学的世界観と対比することによって、それと対極的なものとして、道徳と宗教の類似が鮮明になるであろう。以下は、哲学者 B・ラッセル（1872-1970）の言葉である。

　　人間の起源、人間の成長、人間の希望と恐怖、人間の愛と信仰、いずれも原子の偶然的結合による結果にすぎない。熱情、英雄的態度、思考や感情の強さ、いずれも個々人の生命を定命以上に延ばしえない。幾歳月にも及ぶ労働、献身、感動、人間の才気の真昼のごとききらめき、すべては太陽系の茫漠たる死において消滅する運命にある[1]。

　すべての事象は、物質相互の因果関係の中で起こるべくして起こったのであって、人間のいかなる営みもこのことの例外ではない。この科学的世界観に立てば、私たちの畏敬の念を集めるどんな人間的営為も、実のところ特別な価値や尊厳をもたない。よしんば何かしらの営為のうちに自己の生きがいや人間の尊厳を見出したとしても、やがて私という存在の死、さらには人類の滅亡という避けがたい結末によって、すべては水泡に帰する運命にある。以上は紛れもない真実であるが、この見方は、私たちから生きる気力を奪うにちがいない。人間は、生きていくために、自己の存在意義を積極的に認める別の世界観を必要とする。それこそが宗教的世界観なのである。

　宗教の見地に立てば、自然界とは、慈愛に溢れる神がわれわれ人類に住まいを与えるために創造された場であり、また、神の計画と目的が実現される舞台でもある。そして、このような自然界を世話する者として、人間は神の意志によって、神にかたどって造られたのだと考えられる。したがって、人間は、神の栄光のために生きるという特別の使命をもつものとして、この自然界において固有の尊厳を有するとされる。このような宗教の見方は、人生の意味を積極的に肯定するという点で、先述の科学的世界観と対極的である。それと同時に、人間のあるべき生き方を提示することにより、宗教は道徳の見地に重なる部分をもつともいえる。

　宗教は自然の背後に自然の摂理をつかさどる神を立てる。そのような宗教から派生する宗教道徳は、神こそが道徳規則の唯一の布告者であると考え、さまざまな道徳規則の絶対性を神の権威によって説明しようとする。この考え方は「神の命令理論（divine command theory）」と呼ばれる。神命論に従えば、道徳とは神が人間に向けて下す命令にほかならない。したがって、人間の正しい

生き方とは、神から下される絶対的な命令に服従する生き方だということになる。たとえばモーセの「十戒」では、神が一人称「わたし」の視点から人間である「あなた」に向けて命じる形で、十の戒めが記されている。

　神命論において、「行為 A は正しい」という命題は「行為 A は神の命令に従っている」という命題と同値であり、「行為 B は不正である」は「行為 B は神の命令に背いている」と同値である。神命論は、規則によって道徳を説明する一方、規則の形成基盤を、個人はもちろん人類をも超越した神の中に求める。いまや道徳は人為的で相対的な規則（ノモス）ではない。むしろ、道徳は神という不動の権威から発する超自然的なものとされ、人間の中に尺度をもちえない絶対的なものとみなされるようになった。

第 2 節　道徳の源泉の内在化

(1) 自由意志と人間の尊厳

　だがルネサンス期になると、教会の権威は衰退し、個人が力を手にする人文主義の思想が勃興する。この動向は、近代の幕開けであると同時に、道徳の源泉を人間本性の中に求める古代人の見方への回帰という意味で、まさに「ルネサンス（古典復興）」なのであった。そして、このような思潮のもと、道徳哲学の新しい課題が浮上してきた。それは、神という超越的な立法者に訴えかけることなく、いかにして道徳に根拠を与えることができるのか、という問いである。この問いに答えるべく、近代以降の道徳哲学者は、ひとえに人間自身の内に、人間の行為の価値や存在の尊厳の源泉を求めていった。

　一例として、イタリアの人文主義者ピコ・デラ・ミランドラ（1463-1494）の言葉を引こう。

おまえは、いかなる束縛によっても制限されず、私がおまえをその手中に委ねたおまえの自由意志に従っておまえの本性を決定すべきである。〔……〕おまえは、下位のものどもである獣へと退化することもできるだろうし、また上位のものどもである神的なものへと、おまえの決心によっては生まれ変わることもできるだろう(2)。

　この文章も十戒と同様、神が人間（おまえ）に呼びかける形をとっている。しかし、ここで注目すべきは、自然界における人間の地位が人間自身の意志に委ねられていることである。もともと人間は神的なものと獣の中間に位置するものとして神に造られたのであるが、その後、獣へと退化するか、それとも神的なものへと高まっていくかは、人間の自由意志に任されているというのだ。つまり人間は、神によって決定づけられた他律的存在ではなく、むしろ、おのれの尊厳を自ら生み出す自律的存在と目されるのである。

(2) 理性が立てる道徳

　近世、特に 17 世紀以降、道徳の源泉の内在化という傾向が、いっそう顕著になってゆく。この動向において、一方で、道徳は人間の行為を律する規則であるという旧来の宗教道徳の考え方を維持しながら、他方で、道徳規則の立法者を神という超越的存在者から人間へと引き下ろすという転換が図られる。

　この思潮に位置する代表的な哲学者は、何と言っても I・カント（1724-1804）である。彼はさまざまな道徳規則を「それが普遍的法則となることを、それによって汝が同時に、欲しうるところのその格率〔＝個人の行動を律する規則〕に従ってのみ行為せよ」と表現される「定言命法（Categorical Imperative）」

によって一般化した⁽³⁾。定言命法の意味を分かりやすく述べなおせば、すべての人々に従ってほしいと思える、そんな規則のみに従って行為しなさい、ということである。裏返して言えば、人から為されたくないようなことを為してはならない、ということである。そして、これが前章で見た黄金律と内容的に重なることは、容易に見て取れるだろう。

　この定言命法は、さまざまな道徳規則の中の一つであるというより、むしろ、ある格率が真の道徳規則であるかどうかを判別する基準である。つまり、任意の格率は、定言命法で述べられた条件を満たすときのみ、道徳規則として通用させられるというわけである。具体的な方法として、ある格率について、「すべての人がそれに従うことを自分は進んで欲しうるか」と自問してみるのだ。もしも「然り」と答えられるならば、その格率は道徳規則として適切である。

　ちなみに、どのような格率が定言命法の基準を満たすだろうか。このことを理解するには、逆に、どんなタイプの格率が基準を満たさないかを考えればよい。カントによれば、「もし〜ならば、…しなさい／してはならない」という形式をとる「仮言命法（Hypothetical Imperative）」は、上の基準を満たしえない⁽⁴⁾。たとえば「罰が嫌ならば、盗んではならない」は、「罰を回避できるのならば、盗んでよい」を含意する。しかし、誰もこのような格率が普遍的規則になることを望まないはずである。（その理由を考えてみよう。）したがって、この格率は道徳規則として妥当性をもたない。

　仮に上の格率を受け入れる人がいるとすれば、実は、その人は「例外的に自分だけは盗んでよい」と考えて自分を特別視している。カントは、このような不公正な利己主義につながるという理由から、仮言命法を道徳的に不適格とする。それゆえ、道徳規則として相応しい形式は、一切の例外を許さない端的な命令（「〜しなさい」）のみということになる。

　以上から分かるように、人間は定言命法という基準を主体的に運用し、おのれの従うべき道徳規則を自律的に立法する。その際、人は、ときに利己的な欲求に抗いながら、何を道徳規則として通用させ何を通用させないかを理性によって判断する。カントによれば、人間を律する道徳は、自己立法者の理性に委ねられているのである[5]。

(3) 快苦で計られる道徳

　自己立法というカントの考えは、命じる神という絶対的権威者の存在を、道徳の世界から追放した。いまや道徳の源泉は、人間のうちなる理性へと再び内在化されるのである。J・ベンサム（1748-1832）を始祖とし、J・S・ミル（1806-1873）らによって展開された、功利主義は、上の意味での内在化を目指す点でカントの義務論と方向性を同じくする。そして、カント同様、彼らもまた正しい行為を導く一つの究極の規則を立てる。ベンサムによって「功利性の原理」の名で導入された以下の規則がそれである。

　　功利性の原理とは、その利益が問題とされている人々の幸福を増進するか、低減させる傾向があると思われるあらゆる行為を是認するか、否認するために使われる原理である。言い換えると、人々の幸福を増大させるか、それを妨害する傾向があると思われるあらゆる行為を是認するか、否認する原理なのである[6]。

　上の引用は、要するに、「行為を選択する場合はいつも、関係者全員にとって最高の結果をもたらす行為を選ばねばならない」と述べている。この考えは、しばしば「最大多数の最大幸福」というスローガンによって表現されるであろ

う。J・S・ミルは、この原理を「最大幸福原理」と呼んで、以下のように説明
する。

　　効用、つまり最大幸福原理を道徳の基礎として受け容れる考え方によれば、

　　行為は幸福を増進する傾向があれば、その度合に応じて正しいものとなり、

　　幸福とは反対のものをもたらす傾向があれば、その度合に応じて不正なも

　　のとなる。幸福は快楽を意味しており、苦痛の欠如も意味している。不幸

　　は苦痛を意味しており、快楽の欠如も意味している[7]。

　この文章から分かるように、功利主義における「幸福」とは個人が感覚する
「快楽」にほかならない。(徳倫理学の「幸福」概念との違いに注意。) そのう
えで、ミルは、快楽の総量を可能な限り増大させ、かつ、苦痛 (＝不幸) の総
量をできるだけ減少させることが、私たちの行為の究極的な目的だというので
ある。言い換えれば、「〈快の総量 − 苦の総量〉の値の最大化」が善なのであ
り、それぞれの行為やそれらを規定する格率の正当性は、この基準によって評
価されるのだ。
　以上のように、カントが道徳の源泉を理性に求めたのに対して、功利主義者
はそれを感覚のなかに求める。おそらく功利主義者は、カントの義務論にも増
して徹底的な仕方で、道徳から神性を抜き去る。なぜなら、功利主義において、
道徳は単に人間の中に起源をもつというだけでなく、人間のためにあるとまで
言われるからである。カントも功利主義者も道徳の源泉を人間の内なる何かに
求めた。しかし、同じ行為について、その道徳的正当化を理性に仰ぐか、それ
とも感覚に仰ぐかによって、道徳的評価がまったく違ってくることがあるだろ
う。そうした対立が起こる場合として、具体的にどのようなケースが考えられ

るだろうか。また、その場合、みなさんは、どんな選択を行うだろうか。この問いを念頭に置きながら、議論を先に進めることにしよう。

第3節　道徳教育の課題と展望

(1) 道徳教育への批判

　近世の哲学者たちは、道徳規則の立法主体を人間に引き下ろした。ある格率を共同体の道徳として受け入れるか、拒絶するかは、私たち一人ひとりが自らの内なる基準に従って判断することになる。このことは、道徳から絶対性を奪い、道徳を再び人間のノモス（慣習）という相対的なものの中に解消することを意味する。というのも、個々人の決定は、どのような基準を参照するか、またどのような仕方でその基準を適用するかによって、異なってくるからである。たとえば安楽死の是非をめぐって、定言命法に依拠する人と、功利性の原理に依拠する人とでは、違った結論に至る可能性が高い。また、仮に功利性の原理を採るとして、私たちが行う功利計算の結果は互いに違っているかもしれない。

　一人ひとり考え方が違うために、ある事柄の正・不正に関して皆が同じ結論に至るとは限らない。それでも（だからこそ）私たちは自ら考え、対話し、互いに学び合うことによって、共通のコンセンサスに至ろうと努める。そうすることが、結果として、共によく生きることに繋がると信じているからである。

　また、そうした信念に裏打ちされた一人ひとりの生き方が結びついて、おのずと、その共同体に固有のエートス（ethos）が醸成される。前章でも触れたように、ラテン語の「モーレス（mores）」が「ある社会の成員がそれに従うことを要求されている行動基準」つまり既成の法律や約束を意味するのに対して、ギリシア語の「エートス」は、「ある社会の成員が備えるに至った道徳的気風」

を意味する⁽⁸⁾。この二つは以下のような循環にあると言えるだろう。一方で、私たちの行為や思考様式（エートス）は、成文化された法（モーレス）によって厳格に規制される。だが他方で、統制的な法は、元を正せば私たちの慣習（エートス）から生成してきたのである。のみならず、共同体は時代の変化とともに常に新しいエートスを生み出し、それに連れて法の内容も絶えず変化し続ける。このように、神を必要としない人間の道徳は、おのずから歴史や文化に相対的な共同体道徳となる。

　硬直した絶対性をもつ宗教道徳よりも、柔軟な相対性をもつ共同体道徳のほうが、実のところ、より堅固であると言えるのではないか。というのも、共同体道徳は信仰や信条を異にする他者を対話によって包摂していく余地を常に残し、道徳上の対立や分断を回避しながら共に生きる可能性を開き続けるからである。本書では、道徳の本義はこのような共同体道徳であると考え、これを宗教から明確に区別する。

　さて、共同体道徳はどのように学ばれるのであろうか。明らかに、私たちは既に自分が生きる共同体の道徳に、ある程度、精通している。もちろん、自らに課された共同体道徳の正当性について、私たちは、自律した構成員として自己の内なる基準から批判的に検討することもあるだろう。だが、通常、私たちは社会の構成員としてその文化の色に染め上げられており、自覚的に引き受けるまでもなく、共同体の道徳を最初から受け入れているのが実情である。道徳への批判が可能であるのも、このような受容的段階があってのことである。したがって、共同体道徳は生活の全体を通じて、さしあたり模倣と習熟によって獲得されるものであろう。

　であれば、道徳教育は学校で行われる必要などないのではないか。学校という特殊な空間の中で、固定的な知識として教授するやり方は、道徳の本質に反

しているのではなかろうか。だが、本当に危惧されるのは、学校が神に代わる権威の役割を担うことに繋がることである。それは道徳の絶対化を意味し、そこから帰結するのは多様な価値への不寛容、もしくは個の自律性の喪失である。これは単なる杞憂ではない。『中学校学習指導要領』を開くと、「第 3 章　特別の教科道徳」において実に 22 項目にわたる道徳規範（徳目）が列挙されている。これに基づいて授業を行うとき、教師という権威者は、これらの徳目を不可侵の命令のごとく学習者に強要することになりかねない。このような教授法はしばしば「徳目主義」と呼ばれ、さまざまな反発を招いてきた。いくつか例を挙げよう。

　第一に、近代の視点から批判がなされる。18 世紀から 19 世紀にかけて、ヨーロッパ各地で市民革命が起こり、その結果、歴史的に形成された共同体を基盤とする「国民国家」が相次いで成立した。国民国家において、主権者たる国民は、一定の自由を平等に有する個人として扱われる。功利主義者 J・S・ミルは、「他者危害排除の原則」という考えによって、このような近代的「個人」に保障されるべき自由の範囲を明確にした。著書『自由論』に登場するその原則の要諦は次の二つである。まず、「文明社会で個人に対して力を行使するのが正当だといえるのはただひとつ、他人に危害が及ぶのを防ぐこと（to prevent harm to others）を目的とする場合だけである」[9]と言う。つまり、他者への危害が、個人への強制を正当化する唯一の理由であるということである。裏を返せば、個人は他人に危害を及ぼさない範囲内で自身の望むことを為す自由をもつ。そして、この自由は不可侵であるということが、原則の二つ目の要である。すなわち、「本人にとって物質的にあるいは精神的に良いことだという点は、干渉が正当だとする十分な理由にはならない」[10]のであって、当人のためを思ってという善意は強制を正当化しない。この二つ目の考え方は、一般に「愚

行権（the right to do what is wrong）」と呼ばれる。私たちはみな、愚かなことを行う権利をもつのだ。

　このような人権論に立つとき、どのような批判が道徳教育に対して投げかけられるだろう。参考までに『学習指導要領』が掲げる 22 の徳目のうち最初の 5 つを挙げてみる。「1．自律の精神を重んじ、自主的に考え、判断し、誠実に実行してその結果に責任をもつこと。」「2．望ましい生活習慣を身に付け、心身の健康の増進を図り、節度を守り節制に心掛け、安全で調和のある生活をすること。」「3．自己を見つめ、自己の向上を図るとともに、個性を伸ばして充実した生き方を追求すること。」「4．より高い目標を目指し、その達成を目指し、希望と勇気をもち、困難や失敗を乗り越えて着実にやり遂げること。」「5．真実を大切にし、真理を探究して新しいものを生み出そうと努めること。」

　いかがだろうか。あれこれ指図されるようで、辟易した人も多いと思う。そのように感じた人は、おそらく、上述の「自由」を重要なものと考えているのであろう。道徳規範の順守を強要する道徳教育は、「教育」の名を借りて個人の自由を侵害することにほかならない。個人が何を大切にし、どう生きるかは個人のプライバシーに属する事柄であり、プライバシーへの不当な干渉は公教育として許されない。以上が近代の視点からの批判である。

　第二に、徳倫理からの批判もありえる。徳倫理は古代ギリシアで主流であった道徳観であったが、現代でも多くの支持者が存在する。中でも、徳倫理を独創的な仕方で逸早く再評価した人物は、F・ニーチェ（1844-1900）である。前章で見たカリクレスの主張に感銘を受けた彼は、「高貴であること」の中に人間の生き方の善さを再発見した。彼によれば、対立や争いをあえて引き受け、毅然と自己の考えを主張できる「強い人」、これが本来の「善い人」なのである。ところが、弱者たちは、このような「強い人」に「悪人」というレッテル

を貼り、逆に自分たちの「弱さ」が本当の「善」の証なのだと主張しはじめたのだという。ニーチェによれば、こうした自己否定を肯定する道徳は、弱者によって企てられた価値転倒の所産であり、それは、強者への復讐心（ルサンチマン）によって動機づけられた「奴隷道徳」にほかならない(11)。

　現代の日本の道徳教育をニーチェがどう評価するかは、想像してみると面白い。規則の遵守ばかりを強調する教育は、「規則を破ってでも自己の信念を貫くことは悪いことだ」という一見良識的な考えを学習者に刷り込む。しかし、そのような教育では、他者と対立してでも自分の信条を貫こうとする、真の正義の人を育てることはできない。これが二つ目の批判である。

(2) 道徳教育の可能性

　前節では、道徳教育のありうる危険をあえて強調して論じた。実際には、道徳科は、個人の自由を侵害したり個性を抑圧したりすることを目指してなどいない。たしかに、望ましいとされる道徳的価値を身に付けさせることも、一つの目的であろう。だが、『指導要領解説』において、「道徳教育を通じて育成される道徳性〔……〕は、〔……〕「生きる力」を育むために極めて重要なものである」(12)と言われているのを見逃してはならない。2008 年『学習指導要領』改訂において掲げられた「生きる力」は、「これからの変化の激しい社会において、いかなる場面でも他人と協調しつつ自律的に社会生活を送っていくために必要となる、人間としての実践的な力」(13)を意味する。道徳科は、このような能力の育成を中心目標とするのだ。

　道徳科に期待される役割は、既成の道徳的価値の教授にとどまらない。学習者が他者と協同して幸福な社会を築いていけるよう援助することが、大きな目標に掲げられているのである。グローバル化や価値観の多様化が進む現代社会

において、万人の幸福を模索することは、未来を担う子どもにとって極めて困難な課題である。道徳を〈教える〉ということの本質は、この困難な課題を〈学び手〉と共に考え抜くことにこそ存するのではないだろうか。新しい世代は古いエートスに染め上げられた存在であると同時に、新しいエートスを創造する存在であるという事実を、私たちは忘れてはならない。この事実を忘れ、本来の目標を見失うとき、道徳教育は危惧されるような誤った方向に進む可能性がある。戦前・戦中の教育史はこのことを如実に物語っている。

注

（1）ラッセル「自由人の信仰」『バートランド・ラッセル著作集　4』みすず書房、1959年、57頁。

（2）ピコ・デラ・ミランドラ（大出哲他訳）『人間の尊厳について』、国文社、17頁。

（3）カント（深作守文訳）『人倫の形而上学の基礎づけ』（『カント全集　第 7 巻』）理想社、1965 年、63 頁。

（4）同上、53-60 頁。

（5）同上、78 頁。

（6）ジェレミー・ベンサム（中山元訳）『道徳および立法の諸原理序説』筑摩書房、2022年、28 頁。

（7）J. S. ミル（関口正司訳）『功利主義』岩波書店、2021 年、24 頁。

（8）尾高邦雄『職業の倫理』、1970 年、中央公論社、25-26 頁。

（9）ミル（山岡洋一訳）『自由論』光文社、2006 年、27 頁。

（10）同上。

（11）ニーチェ（木場深定訳）『道徳の系譜』岩波書店、1964 年、36 -37 頁。

（12）文部科学省『学習指導要領解説　特別の教科 道徳編』教育出版、2018 年、1 頁。

（13）平成 8 年中央教育審議会答申「21 世紀を展望した我が国の教育の在り方について」。

第Ⅱ部
道徳教育の歴史

第3章　戦前・戦中の道徳教育史

　道徳の本質に迫るべく、この概念が含意する「道（ノモスの正義)」と「徳（ピュシスの正義)」とを対比してきた。いささか入り組んだ議論になったので、ここで少し整理しよう。

　ニーチェは上の対比を「奴隷道徳」と「貴族道徳」という明確な対立と捉えた。奴隷道徳とは、自己否定や自己犠牲を善とする、歪んだ価値認識である。これに対して貴族道徳こそが、自己の生に対する絶対的な肯定を善とする、本来の健全な価値認識であるとされる。

　しかし、ノモスの正義とピュシスの正義とを、こうした背反的関係のもとに理解するニーチェの議論は、事柄を単純化しすぎである。というのも、規則を尊重する生き方と、自己の生の自由な発展を希求する生き方とは、互いに矛盾しないからである。それどころか、規則の力を借りて自己の生の可能性を広げる場合もあれば（ホッブズ)、また、自己の能力に基づいて規則を立法する場合もある（カント、ベンサム、Ｊ・Ｓ・ミル)。

　さらに付け加えるならば、私たちが自己の幸福を目指して生きるとき、野放図な利己主義によってこれが実現する見込みは限りなく薄い。むしろ、中庸の規範に従ってこそ、人は幸福に向けて理想的な人生を歩み通すことができるのである（アリストテレス)。

　このように考えると、個人の自由と自律が保障される限り、実はノモスとピュシスは決定的な対立ではないことがわかる。むしろ、本物の対立は、この二側面を包摂する道徳と、個人の自由と自律を侵害する——もはや「道徳」とは呼び難い——何ものかとの間において成り立つ。そして、実のところ、この

ような何ものかを指して、ニーチェは「奴隷道徳」と呼んでいたのである。したがって、道徳の本質に照らして考えたとき、道徳教育が真に排除すべきは、この奴隷道徳である。以上を念頭に、道徳教育の歴史へ目を転じよう。

第1節　道徳の教科化への危惧

　2013（平成 25）年、第二次安倍晋三内閣のもとに設置された教育再生実行会議において、道徳教育の教科化が提案された。その後、有識者会議が発足され、そこでなされたいくつかの提案を基本前提として、教科化に向けた動きは一挙に加速していった。結果、「特別の教科 道徳」が、小学校では 2018（平成 30）年、中学校では 2019（平成 31）年に全面実施されるに至った。

　2015（平成 27）年の朝日新聞に、「愛国の対象「政府でなく、歴史・文化の共同体」」という小見出しの記事が掲載されている[1]。同年 7 月、文部科学省は教科書作りのもとになる「学習指導要領解説」を公表し、また時を経ず、同省の審議会において、国が教科書をチェックする際のルールとなる「検定基準」も了承された。このように教科書作りの土台が着実に固められる一方、教科化の認識がようやく社会に浸透し始めた時期の記事である。学習指導要領解説は、小中学校を通じて学ぶ「国を愛する態度」の「国」の定義について、「政府や内閣などの統治機構を意味するものではなく、歴史的に形成されてきた国民、国土、伝統、文化などからなる、歴史的・文化的な共同体としての国を意味する」と明記した。記事はこのことを伝えるとともに、「なお、その際、国を愛することは、偏狭で排他的な自国賛美ではない」という、但し書きをあわせて紹介している。

　記事の背景には、この時期、教科化が周知されるにつれ、ある懸念が社会の

中に生まれてきたことがあるだろう。それは、一言で言えば、「修身科」の復活に対する懸念である。修身科とはどのようなものであったか。一つ象徴的な例を挙げよう。国民小学校2年生用修身教科書『ヨイコドモ　下』（1941（昭和16）年）には、次のような言葉が並んでいる。

> 天皇陛下ノ　オオサメニナル　ワガ　日本ハ　世界中デ　一番　リッパナ　國デス。天皇陛下ヲ　イタダイテ　キル　日本國民ハ、ホンタウニ　シアハセ　デス。私タチノ　ソセンハ、ダイダイノ　天皇ニ　チュウギヲ　ツクシマシタ。私タチモ　ミンナ　天皇陛下ニ　チュウギヲ　ツクサナケレバ　ナリマセン[2]。〔第十七課　天皇陛下〕

> 日本　ヨイ　國、キヨイ　國。世界ニ　一ツノ　神ノ　國。日本　ヨイ　國、強イ　國。世界ニ　カガヤク　エライ　國[3]。〔第十九課　日本ノ國〕

　ここに現れる「國」が、天皇を頂点とする統治機構としての国家を意味することは、明らかである。天皇を頂く日本の固有性を強調しつつ、ひたすら偏狭で排他的な自国賛美の言葉が連ねられている。道徳の教科化への危惧は、ひとえに、このような戦前・戦中の「道徳」教育への回帰に向けられる。次章で触れるように、遡ること2006（平成18）年、第一次安倍政権下での教育基本法改正において、その第2条「教育の目標」の中に「我が国と郷土を愛する」という文言、いわゆる「愛国心」が新しく盛り込まれた。このことも考え合わせると、上の危惧はあながち単なる杞憂とも思えない。

　戦前・戦中の修身と聞いて、上の引用に典型的に認められるような、歪な愛国教育をイメージする人は多いであろう。しかし、実は、修身の初期からその

ような偏った教育がなされていたわけではない。あまり知られていないことだが、当初は自由主義や主知主義を基調とする正当な道徳教育がなされていたのである。「正当な」とは、つまり、個人の自由と自律が保障されている、という意味である。だが、そうした当初の穏当な道徳教育が、やがて「天皇に忠義を尽くすべし」を至上命令とする国家主義道徳へと変貌していった。おそらく、その転換点は、「教育ニ関スル勅語（教育勅語）」が渙発された 1890（明治 23）年頃に求められるであろう。

　教育勅語とは現人神（天皇）が臣民に対して下す命令にほかならず、それは宗教における戒律のごとく、絶対的な掟として当時の人々の行動を厳しく統制した。注目すべきは、その内容である。後述するように、それは、天皇の臣民として心を一つにすることや、「万世一系」の天皇を頂く国家への忠誠と献身を国民に求める内容であった。つまり、規則そのものの中に、当の命令を布告する天皇の権威を称える内容が含まれているのだ。ここには、巧妙な循環が見て取られる。すなわち、「規則Ｋは不可侵である。なぜなら絶対的な権威Ｔがそう命じるのだから」という了解と「Ｔの権威は絶対的である。なぜなら不可侵の規則Ｋにおいてそう述べられているのだから」という了解とが相乗的に作用しあい、その結果、人々は規則Ｋやその布告者Ｔの統制下ないし支配下から逃れられなくなるのである。

　おそらく、命令と布告者とのこうした循環関係は、多くの宗教の戒律において認められるものだろう。その意味では、教育勅語は「学校を教会とした天皇教の経典」[4]であったと言える。だが、ここでの問題は、ある種の宗教が教育に持ち込まれたことではない。むしろ、国体の護持という政治的な目的のために、学校教育が不当に利用されたことが最大の問題なのである。

第2節　学制の発布と修身の設置

　いったいどのような経緯で、このような状況に至ったのであろうか。きわめて大雑把にまとめれば、戦前・戦中の道徳教育の動向は、主知主義の理念から始まり、やがてその反動として儒教倫理が復古的に台頭してくるという、いわば「振り子」のイメージでとらえることができる。ある時期まで、この運動は、自然（ピュシス）と慣習（ノモス）とを各々どの程度に尊重すべきか、という穏当な問題意識の中で展開してきた。ところが、やがて、慣習の尊重が自文化の称揚という極端な形に変貌する一方、本来は文化（エートス）の担い手であるはずの個人が顧みられなくなった。そして、最終的には、自己犠牲や異論弾圧につながる国家主義が出来するに至ったのである。その詳細を以下で見よう。

　日本の国民皆学校政策は、1872（明治5）年の「学制」の発布から始まった。この学制において、伝統的、前近代的な人間観と教育観は否定的に捉えられ、代わって、主知主義や功利主義、実学主義など近代西洋的な考え方が、新しい教育の指針として提唱される。ここで「前近代的」として否定的に扱われたのが儒教道徳である。儒教は、血縁関係や主従関係などの人間関係を基盤とする考え方であり、たとえば「五倫の道」と呼ばれる五つの徳目（父子の親、君臣の義、夫婦の別、長幼の序、朋友の信）を守るべき道と教える。これらは、長らく日本人が慣習的に学んできた思考様式でもあった。

　学制は、以上の伝統的思想から距離を置き、日本人には馴染の薄い個人主義を教育理念の中心に据えた。そして学校教育の目的を、個人の知性を陶冶すること、また知の力を活かして実際的な成果を上げ、ひいては社会の幸福に寄与しうる、有益な人材を育成することに見定めたのである。『学問のすゝめ』で「自由」「独立」「平等」という新しい価値観を打ち出した、福澤諭吉（1835-1901）

など、洋学系開明派の人々が以上の方針に影響を与えたと言われる。

　この学制のもと、初等教育は下等小学 8〜5 級（対象年齢 6〜9 歳）と上等小学
4〜1 級（対象年齢 10〜13 歳）とに区分されたが、このうち下等小学において、
修身科の前身にあたる「修身口授（ギョウギノサトシ）」が設けられ、そして
週 1〜2 時間がこれに配当された。この配当時間は、下等小学の総時間数の 3%
弱を占めるにすぎず、しかも上等小学には修身口授は設置されなかった。この
ように、当初、学校教育における「修身」の扱いは、決して大きくなかったこ
とがわかる。

　では、修身口授ではどのようなことが教えられていたのだろうか。「口授」
という名の通り、教師が生徒に「口伝え」によって教えを授けることが為され、
そのための教師用書がいくつか発行された。それらの多くは欧米の倫理書の翻
訳であり、たとえば、福澤諭吉訳『童蒙教草（どうもうおしえぐさ）』や箕作麟祥（1846-1897）訳
『泰西勧善訓蒙（たいせいかんぜんくんもう）』などがよく知られている。『童蒙教草　初編 1 』第一巻第一
章「動物ヲ扱フ心得ノ事」から一例を紹介しよう。イソップ童話「少年とカエ
ル」を紹介しながら、以下の道徳的教訓を伝える内容になっている。

　　　假令ヒ如何ナル虫ニテモ無益ニコレヲ痛ルハ宜シカラズ。〔……〕人若シ
　　　不圖シタル出来心ニテ斯ル虫ヲ殺サントスルコトアラバ則チ我身ニ立返
　　　リ若シ我身体ヨリ数陪大ヒナル怪物アリテ我ヲ苦シムルコト今我コノ虫
　　　ヲ扱フガ如クナラバ其苦痛如何バカリナラント身ニ引替テ虫ノイタサヲ
　　　思ヒ知ルベシ(5)。

　上の引用では、動物の命を粗末にしてはならないという教えが、極めて理知
的な仕方で説かれている。つまり、快苦を感じうる存在者すべてを道徳的に配

慮すべきであるという功利主義の思想や、自分がされて嫌なことを他に対して為してはならないという黄金律を根拠にして、このような道徳規則が子どもたちに納得のいく仕方で提示されているのである。この例が示すように、初期の修身では、道徳的価値を教え込むことよりも、その背景にある思想を「口授」することに重きが置かれ、そして、通常の教科教育法と一線を画すこうした特別な手法によって、開化啓蒙的な教育理念を実際の授業において体現することが試みられたのだった。

第3節　修身科筆頭体制の確立

(1) 教育議論争

　だが理念先行の「学制」は、なかなか国民に根づかず、民衆から不評であったようである。結局、1879（明治12）年に「学制」は廃止され、同年、「教育令」が制定された。この教育令は、教育の権限を大幅に地方に移譲するなど、地方の自主性を認めた点に大きな特徴をもち、これによって、ある意味、自由で進歩的な教育体制がいっそう推し進められたともいえる。そのような理由から、1879年の教育令は「自由教育令」と呼ばれる。

　この教育令下、小学校の教科として、読書、習字、算術、地理、歴史、修身が設置されたが、特筆すべきは、これら必修6教科の一科目として「修身科」が成立したことである。ただし、教科としての修身の地位は、必修教科の末尾に位置づけられている通り、低いものであった。

　これまで見てきたように、学制以来、修身は、子どもの理知に訴える内容および方法が採られる一方、学校教育全体の中で比較的少ない時間しか割り当てられてこなかった。このような状況を受け、この頃、伝統派と開明派との間で

公教育における徳育の方針、内容、方法を巡る論争（教育議論争）が起こる。論争のあらましを簡単に述べれば、1879（明治 12）年 8 月、天皇侍講・元田永孚（もとだながざね）（1818-1891）が、明治天皇の意志を受けたとして「教学聖旨」を起草したことに端を発する。それは「学制」以来の開化主義的知育を批判し、儒教倫理に基づく忠孝仁義の徳育中心主義への転換と、その国教化を主張する内容であった。これを受け、開明派の内務卿・伊藤博文（1841-1909）が、主知主義による教育のより一層の徹底を強調する「教育義」を提出し、これをもって「教学聖旨」への反論としたのである。このように、儒教道徳という伝統への復古を説く元田と、知育重視の継続を主張する伊藤とが、公教育の路線を巡って対立したのであった。

　ところで、同時期、政府の中でも従来の教育体制に対する見直しの動きが出てきていた。というのも自由教育令の方針はかえって教育の混乱を生み、廃校や就学率の低下をもたらしたからである。こうした状況を受け、政府は公民教育を普及徹底すべく、教育に対する干渉を強めていった。結果、翌 1880（明治 13）年には、早くも「教育令」が改正される運びとなった。興味深いのは、「改正教育令」の下での修身の位置づけの変化である。意外にも、修身科が、総授業時間数で読み方に次ぐ第二位の地位を占めるなど、教科科目の筆頭に置かれたのだ。（この修身科筆頭体制は、1945（昭和 20）年の敗戦に伴う修身科廃止まで続くこととなる。）また、内容面では、儒教倫理が多く取り入れられるようになった。以上の動向から、一見すると元田の考えが反映されて決着を見たかのように思われるが、「学校においてなすべきはあくまで知育、という伊藤・井上〔毅〕の路線が変更されたわけではない」(6)との指摘もあるように、単純に一方から他方に変転したと考えるのは誤りであろう。

　道徳の本質を自然（ピュシス）と慣習（ノモス）の二側面から明らかにして

きた本書のここまでの知見に照らせば、教育議論争とその帰着点について、ど
う評価すべきであろうか。おそらく、忠孝仁義の慣習に重きを置くか、個人の
知性の陶冶に重きを置くかという、本当の意味で「道徳」をめぐる論争であっ
た、と言えるであろう。そして、二つの道徳教育が併存する事態は、「道徳」
という概念のそもそもの二面性に即して考えれば、あながち間違った帰着点と
も思えない。だが、次に見るように、この後、論争は意外な方向へ展開してい
くことになる。すなわち、より多くの論者を巻き込んで為された「徳育論争」
への発展である。

(2) 徳育論争

　1880 年の改正教育令以後、儒教道徳や封建道徳を根幹に据える徳育重視の
教育政策が、元田永孚らにより推進されようとしていた。しかし、先に見た教
育議論争は、明確な決着を見出せないまま、結果として、二つの道徳観が学校
教育において併存するという事態を生んだ。

　上で述べた筆者の個人的見解とは裏腹に、実際には、多くの教育論者がこの
状況を、儒教主義の徳育施策の失敗ないし不徹底に起因する、徳育混迷の現状
ととらえた。そして、道徳教育の新基準を求めて意見を戦わせる論争状況が出
現した。これが、いわゆる「徳育論争」である。

　徳育論争の勃発の契機は、1887（明治20）年11月に前東京大学綜理・加藤弘
之（1836-1916）が大日本教育会で行った講演「徳育に付ての一案」だとされ
る。その講演の要点は、「徳育は宗教を基盤として行われるべきだという考えに
基づき、小・中学校には神道・儒教・仏教・キリスト教の4教の修身課〔ママ〕
を置き、生徒各々が信じる修身課に就く」というものであった[7]。この後、加
藤に先鞭をつけられた形で、1890年ごろまでに数多くの道徳教育論が生み出さ

れ、論者が入り乱れて主張しあう状況が生まれた。おもな争点は、学校教育における徳育の軸に宗教を据えることの是非にあった。

　定説では、この「論争」は、道徳教育の基準を定める教育勅語の発布をもって事実上終結したとされる。つまり、天皇崇敬を核とする儒教が、道徳教育の新基準として確定したということである。

第4節　教育勅語の発布と修身の変容

　これまで見てきたように、1880 年代は徳育論争をはじめ教育の混乱の時代であった。政府はこれを国民支配体制の危機と捉え、普遍的な教育指針を作ってこの混乱を収拾しようとした。1890（明治 23）年に「教育ニ関スル勅語（教育勅語）」が発布されたのは、まさにこのことを意図してのことであった。この勅語は現人神である天皇によって発せられる絶対的な道徳規範（神の命令）として、教育指針の「絶対性」を担保する目的においてこの上ない効果を発揮したに違いない。

　教育勅語は、学校教育全体の指針であると同時に、ひとつの道徳規則の体裁をとっていた。それゆえ、教育勅語を絶対的な教育指針として据えることは、おのずと、学校教育制度そのものを道徳教育中心のものに再編することにも繋がっていく。ただし、ここで言う「道徳」とは国家神道に基づく皇国思想、すなわち日本民族の統合の中心を万世一系の皇室に求める特異なイデオロギーを指す。そのことは教育勅語の内容から明らかである。以下にその全文（日付と御名御璽を除く）を引用する。

　①朕惟フニ我カ皇祖皇宗國ヲ肇ムルコト宏遠ニ德ヲ樹ツルコト深厚ナリ

我カ臣民克ク忠ニ克ク孝ニ億兆心ヲ一ニシテ世々厥ノ美ヲ濟セルハ此レ
我カ國體ノ精華ニシテ教育ノ淵源亦實ニ此ニ存ス②爾臣民父母ニ孝ニ兄
弟ニ友ニ夫婦相和シ朋友相信シ恭儉己レヲ持シ博愛衆ニ及ホシ學ヲ修メ
業ヲ習ヒ以テ智能ヲ啓發シ德器ヲ成就シ進テ公益ヲ廣メ世務ヲ開キ常ニ
國憲ヲ重シ國法ニ遵ヒ一旦緩急アレハ義勇公ニ奉シ以テ天壤無窮ノ皇運
ヲ扶翼スヘシ③是ノ如キハ獨リ朕カ忠良ノ臣民タルノミナラス又以テ爾
祖先ノ遺風ヲ顯彰スルニ足ラン斯ノ道ハ實ニ我カ皇祖皇宗ノ遺訓ニシテ
子孫臣民ノ俱ニ遵守スヘキ所之ヲ古今ニ通シテ謬ラス之ヲ中外ニ施シテ
悖ラス朕爾臣民ト俱ニ拳々服膺シテ咸其德ヲ一ニセンコトヲ庶幾フ(8)

　内容を整理するために、便宜上、全文を①前段、②中段、③後段という三つ
の部分に分けた。各部分の要点を一つずつ確認しよう。まず、①前段において、
臣民として忠義を尽くし、子として父母に孝行することが、「教育ノ淵源」す
なわち教育の原理であると言われる。続いて、②中段では、臣民が守るべき14
の德目が列記される。「父母ニ孝ニ兄弟ニ友ニ夫婦相和シ朋友相信シ…」とい
う文言から分かるように、ここでは「五倫の道」を説く儒教道徳が前面に押し
出されている。これに加えて「學ヲ修メ業ヲ習ヒ以テ智能ヲ啓發シ…」と、ど
ちらかと言えば開化主義的な德目にも言及しながら、最終的に「一旦緩急アレ
ハ義勇公ニ奉シ以テ天壤無窮ノ皇運ヲ扶翼スヘシ」という言葉で締めくくられ
る。つまり、様々な德目について触れつつ、それらより一段高い德目として「君
臣の義（天皇家への忠誠）」が置かれているわけである。そして③後段では、
「斯ノ道ハ實ニ我カ皇祖皇宗ノ遺訓ニシテ子孫臣民ノ俱ニ遵守スヘキ所之ヲ
古今ニ通シテ謬ラス之ヲ中外ニ施シテ悖ラス」と述べられる。この箇所は、文
部省による現代語訳に従って、「この道は古今を貫ぬいて永久に間違いがなく、

又我が国はもとより外国でとり用いても正しい道である」という意味にとれる。要するに、以上に列挙された徳目は、歴史性、普遍性、永続性をもつ絶対的真理であるということである。

　教育勅語の発布によって、天皇制イデオロギーを徹底化する教育体制が確立された。これを契機に、学校教育の基本理念は、当初の主知主義はもとより穏健な儒教道徳からもかけ離れた、異様な皇国思想へと根本的に変容していった。そして、教育方針のこうした転換は、さまざまな法改定や法制定によって現実に着手された。たとえば、同 1890（明治 23）年の改定「小学校令」では、「国民教育ノ基礎」が「尊王愛国ノ士気」に求められ、教育勅語の理念を学校教育へ浸透させることが図られる。また、翌 1891（明治 24）年に公布された「小学校教則大綱」は、「修身ハ教育ニ関スル勅語ノ趣旨ニ基ヅキ児童ノ良心ヲ啓培シテ其徳性ヲ涵養シ人道実践ノ方法ヲ授クルヲ以テ要旨トス」とし、修身科は教育勅語に即して行うものと規定した。さらに同年には「小学校祝日大祭日儀式規程」も公布されている。これは、祝祭日（紀元節、天長節、元始祭、神嘗祭および新嘗祭）において行われる儀式の内容を詳細に示した省令である。これにより、天皇陛下の御真影に対する最敬礼と万歳、学校長による教育勅語の奉読が強制された。他にも、相応しい唱歌の合唱や、体操場や野外での遊戯体操の実施など、後にさまざまな学校行事に影響を与えることとなる原型が示された。

　1903（明治 36）年、教科書が検定制から国定制に改められる。これにより、国家主義に基づく臣民教育がいっそう効率的に行われる素地が整ったといえる。ちなみに、国定修身教科書の改訂は 5 期にわたって行われた。豊泉清浩の論考をもとに各時期の内容を整理する（**表 1**）[9]。

表1　国定修身教科書の変遷

時期	内容
第Ⅰ期 (1904～ 1909)	家族道徳や国家に対する道徳が検定教科書よりも減少し、他方でさまざまな自由を人間の基本的な権利として尊重する、近代市民社会の道徳の比重が高まる。たとえば、「社会」「他人の自由」「公衆」「社会の進歩」等の社会倫理や、「共同」「思想の自由」「信仰の自由」、さらには「公益」「博愛」「自立自営」「人身の自由」についても触れる。
第Ⅱ期 (1910～ 1917)	日露戦争後に高まってきた国家主義思想を反映し、近代的モラルに代わって国民道徳や家族的国家倫理が重視されるようになる。たとえば、第Ⅰ期に掲げられていた「他人の自由」「社会進歩」、「競争」「信用」「金銭」などはすべて除去され、それらに代わって新しく「皇大神宮」「建国」「国体の精華」「皇運扶翼」「忠孝一致」「皇祖皇宗の御遺訓」などの課が加えられる。また、家族主義的体制の社会を支える根本的な観念である「報恩」が重視される。
第Ⅲ期 (1918～ 1932)	第一次世界大戦後の国民生活や国民思想の変化に対応するよう、国際協調や国際平和についての記述が新設される。封建道徳は弱められ、時代の推移に即応した公民的・社会的な教材が加えられる。たとえば、近代的な勤労観をはじめ個人道徳、市民道徳について触れる教材が増加する。一方で、第Ⅱ期に確立された国家主義的・家族主義的な内容構成はそのまま引き継がれる。
第Ⅳ期 (1933～ 1940)	満州事変後とくに高まった国家主義思想を反映し、第Ⅲ期において現れ始めた市民の倫理が再び臣民の倫理へと反転する。国体の思想を基礎に置く国民道徳が、内容の中心を占めるようになる。たとえば、あたかも歴史的事実であるかのように歴代天皇の事蹟が述べられるなど天皇の神格化が図られ、ひいては「神国日本」の思想の注入が目指される。
第Ⅴ期 (1941～ 1945)	超国家主義的教材が大幅に増加する。たとえば「大日本は神国なり」という命題を繰り返し掲げ、児童に神国観念が浸透するよう図る。また「肇国の大精神」を実現する過程としての「国史」を重視し、「八紘一宇」という理念のもと戦争を美化・正当化する。さらには「滅私奉公」「尽忠報国」の臣民の姿を理想的な生き方として示す。

（出典：豊泉、2015をもとに筆者作成）

　上で見た一連の教育政策の下にあって、それでもなお、ある時期までは初期からの開明的な教育内容が維持されていたことが分かる。特に、第Ⅲ期においては、第一次世界大戦を背景とした平和志向の高まりを受けて、極端な国家主義はもとより儒教倫理そのものが敬遠される流れが生まれた。だが、そのような揺り戻しの時期があったにもかかわらず、戦争の時代を迎え、日本の学校教育は極端へと暴走していった。すなわち、日中戦争、太平洋戦争へと突き進んでいく中で、強力な国家体制を維持する目的から皇国思想教育、国粋主義教育がエスカレートしていったのである。

　以上、道徳が持つ自然（ピュシス）と慣習（ノモス）という二側面の拮抗という観点から、戦前・戦中の教育史を概観した。ある時期までは、各側面のバランスを探っていくという穏当な問題意識のもと、徳育のあるべき姿が探究されていた。ところが、やがて、慣習の尊重が自文化の称揚という極端な形に変質する一方、本来は文化の担い手であるはずの個人が顧みられなくなっていった。そして、最終的には、自己犠牲や異論弾圧につながるきわめて歪なイデオロギー教育が学校を支配するに至った。こうした過ちを反省し、再び教育の中道を模索することから、戦後の学校教育は再出発することになる。

注

（1）『朝日新聞』2015 年 10 月 9 日。
（2）文部省『ヨイコドモ　下』大阪書籍、1941 年、48-49 頁。
（3）同上、55 頁。
（4）大江志乃夫『靖国神社』岩波書店、1984 年、74 頁。
（5）福澤諭吉訳『童蒙教草　初編 1』1880 年、1 頁。国立国会図書館デジタルコレクション（https://dl.ndl.go.jp/）で公開されている原文（請求番号「特 35-487」）に拠った。
（6）谷川穣「教育・教化政策と宗教」大津透ほか編『岩波講座　日本歴史　第 15 巻』

岩波書店、2014 年、284 頁。

（7）『大日本教育会雑誌』第 67 号、1887 年。

（8）国立公文書館デジタルアーカイブ（https://www.digital.archives.go.jp/）で公開さ
れている原文（請求番号「平 25 文科 00001100」）に拠った。

（9）豊泉清浩「道徳教育の歴史的考察（1）—修身科の成立から国定教科書の時代へ—」
『教育学部紀要』第 49 集、2015 年、30-36 頁。

第 4 章　戦後の道徳教育史

第 1 節　修身の停止と教育基本法の制定

　前章で見たように、戦前・戦中の徳育は、開明的主知主義と伝統的儒教倫理との間を揺れ動きながら徐々に後者へ重点をシフトさせてゆき、最終的に、元来の儒教とは異質な皇国思想によって染め上げられてしまった。戦後の教育政策において、このような極端に偏った学校教育を再び中道に導くことが喫緊の課題であった。

　敗戦直後の 1945（昭和 20）年 9 月 15 日、文部省は「新日本建設ノ教育方針」を発表する。それは、天皇を頂点とする国体の護持を掲げる一方、世界平和と人類の福祉に貢献する新日本建設のための教育方針であり、具体的には、「新日本ノ建設ニ資スルガ為メ従来ノ戦争遂行ノ要請ニ基ク教育施策ヲ一掃」することが宣言される[1]。すなわち、学校をイデオロギー注入の場と位置づけ、これにより戦争遂行のための手段として教育を政治利用するがごとき、従来の教育政策から徹底的に距離を置くことが、戦後 1 ヶ月目にして宣言されたのである。あまりの変わり身の早さと、平和国家の建設を謳いながらなお国体護持に固執する不徹底ぶりには、何かオポチュニズムの向きを感じないでもないが、ともあれ、こうして政府による教育改革が開始された。

　翻って、占領軍もまた教育改革を重要な占領政策の一つとして位置づけ、連合国総司令部（GHQ）を通して、政府の政策決定に対して様々な圧力をかけた。たとえば、同年、国体護持の通達が地方自治体に向かって告知されていた事実

を知った GHQ は、おそらく怒り心頭に発したのであろう、急遽、教育政策に
関する「四大指令」を行い、その中で「修身」「日本歴史」「地理」の授業停止
とそれらの教科書および教師用参考書の回収とを命じた(2)。その意図は、軍国
主義的、国家主義的な思想を教育内容から徹底的に排除することにあった。翌
年には日本歴史、地理の再開が認可されたものの、これによって学制以来の修
身科の歴史は幕を閉じたのだった。

　ただし、米国も学校教育から道徳を完全に排除するよう日本に迫ったわけで
はない。たとえば、「米国教育使節団報告書」（1946 年）の中には、「民主主義
的制度も他の制度と同様、その真の精神に適合しかつこれを永続せしむべき一
つの倫理を必要とする」のであって、それは「学校においても教へられるべき」
との言葉を見出すことができる(3)。つまり、民主主義の精神こそが学校におい
て教育されるべき倫理であるという考えである。以後、日本政府もまた上記の
理念を共有し、ときに個別の政策に関して米国と対立しつつ、基本的にはこの
理念に沿った方向で教育改革を推し進めていった。

　1946（昭和 21）年、教育刷新委員会が発足され、「教育の理念及び教育基本
法に関すること」が内閣総理大臣に建議されると、翌年、これをもとに「教育
基本法」が公布、施行された。教育基本法は、その名の通り、戦後日本の教育
に関する根本的、基礎的な法律である。だが、それは一般の教育関係法令とは
別格の地位を有する。すなわち、教育の基本理念を明示することや、さまざま
な教育制度の基本原則として機能する点において、準憲法的な性格をもつ。そ
れゆえ、教育基本法は「教育憲法」とも呼ばれ、施行以来、教育勅語に代わる
根本法として、あらゆる教育政策を導く普遍的指針とみなされてきたのである。
以下に、教育基本法の前文および第一条を引用する。

前文

　われらは、さきに、日本国憲法を確定し、民主的で文化的な国家を建設して、世界の平和と人類の福祉に貢献しようとする決意をした。この理想の実現は、根本において教育の力にまつべきものである。

　われらは、個人の尊厳を重んじ、真理と平和を希求する人間の育成を期するとともに、普遍的にしてしかも個性豊かな文化の創造をめざす教育を徹底普及しなければならない。

　ここに、日本国憲法の精神に則り、教育の目的を明示して、新しい日本の教育の基本を確立するため、この法律を制定する。

第一条（教育の目的）

　教育は、人格の完成をめざし、平和的な国家及び社会の形成者として、真理と正義を愛し、個人の価値をたつとび、勤労と責任を重んじ、自主的精神に充ちた心身ともに健康な国民の育成を期して行われなければならない。

　ここに教育の基本理念が凝縮して提示されている。それは大きく三つあるだろう。第一に、民主的で文化的な国家の建設を決意する「民主主義」。第二に、世界の平和と人類の福祉への貢献を謳う「平和主義」。そして第三に、個人の尊厳を重んじ、各人の人格の完成をめざす「人格主義」である。

第2節　全面主義に立った道徳教育

　修身科の廃止後、どのようにして道徳を教えていけばよいのか。この問題に

直面して、当初、文部省は「修身教育に代わる科目としての公民について教師用書を編集して 21 年 9 月から公民科を課すること」とした[4]。 そして、1946（昭和 21）年『国民学校公民教師用書』および『中等学校・青年学校公民教師用書』が発表されるところまで事は進んだ。しかし結局、この「公民科」構想は実現せず、その理念は社会科に受け継がれることになった[5]。つまり、1947（昭和 22）年の『学習指導要領一般編（試案）』において、公民科に修身教育を担わせるという当初の計画に変えて、修身・公民・地理・歴史などの内容を融合したものとして、「社会科」が新たに登場した。この社会科の新設によって、修身に対応する単独の教科は設定されないことになった。

　しかし、ここでまたしても日本政府は、米国からの圧力によって教育政策の軌道修正を迫られることになる。1946（昭和 21）年に続き、1950（昭和 25）年に「第二次米国教育使節団報告書」が提出され、その中で、「道徳教育は、ただ社会科だけからくるものだと考えるのはまったく無意味である。道徳教育は、全教育課程を通じて、力説されなければならない」と釘を刺されてしまうのである[6]。この影響により、翌年、「道徳教育は学校全体の責任である」、「道徳教育を主体とする教科あるいは科目を設けることは望ましくない」等の内容を含む答申（道徳教育振興に関する答申）が、教育課程審議会によって発表される[7]。また、同年、文部省は「道徳教育のための手引書要綱」を通達し、「道徳教育は、学校教育の全面においておこなうのが適当である」と明言するに至った[8]。こうして、社会科に道徳教育の要としての役割を期待するという二番目のプランも、大幅な後退を余儀なくされた。その代り、道徳教育を一手に担う中心的教科を設けないのが正道であるという、「全面主義」が、戦後の教育政策の基本路線として定まったのである。

　1951（昭和 26）年『学習指導要領 一般編（試案）』の「(d) 道徳教育につい

て」は、「学校教育においても、新しい立場にたって民主社会の建設にふさわしいじゅうぶんな道徳の指導が行われなければならない」[9]と述べ、民主主義こそが道徳教育の指導理念であることを強調する。そのうえで、「民主社会における望ましい道徳的態度の育成は、これまでのように、徳目の観念的理解にとどまったり、徳目の盲目的実行に走ることを排して、学校教育のあらゆる機会をとらえ」てなされるべきこと、加えて「道徳教育は、その本性上、教育のある部分ではなく、教育の全面において計画的に実施される必要がある」ことが指摘される[10]。以上の一連の記述から、「民主主義‐反徳目主義‐全面主義」という概念相互の繋がりを認めることができるだろう。

　なぜ徳目主義は民主社会の建設という目的にふさわしくないのか。また、全面主義がこの目的にかなっていると言われるのはどうしてか。一つの事例が、これらの問いに対する答えを示唆するように思う。それは、中勘助（1885-1965）による自伝的小説『銀の匙』の一場面である。主人公である「私」は、修身の時間に、かねてから疑問に思っていた質問を「先生」に投げかける。そんな一場面である。引用しよう。

　「先生、人はなぜ孝行をしなければならないんです」
　　先生は眼を丸くしたが
　「おなかのへった時ごはんが食べられるのも、あんばいの悪い時お薬ののめるのも、みんな父様や母様のおかげです」
　という。私
　「でも僕はそんなに生きてたいとは思いません」
　先生はいよいよまずい顔をして
　「山よりも高く海よりも深いからです」

「でも僕はそんなこと知らない時のほうがよっぽど孝行でした」

　先生はかっとして

「孝行のわかる人手をあげて」

といった。ひょっとこめらはわれこそといわないばかりにぱっと一斉に手をあげてこの理不尽な卑怯なしかたに対して張り裂けるほどの憤懣を抱きながら、さすがに自分ひとりを愧じ顔を赤くして手をあげずにいる私をじろじろとしりめにかける。私はくやしかったけれどそれなり一言もいい得ずに黙ってしまった。それから先生は常にこの有効な手段を用いてひとの質問の口を鎖したが、こちらはまたその屈辱を免れるために修身のある日にはいつも学校を休んだ[11]。

　この「先生」は、孝行の意義に疑問をもつ「私」の率直な考えを、多数決という一見すると民主的にも思える方法によって抑圧した。そして、孝行は大切だという考えを「私」に強要したのである。

　「民主主義」という言葉は、狭義には国民主権を意味するが、広義には人間の自由と平等を尊重する思想として、広く理解されている。「考えの多様性を尊重する立場」と言い換えても差し支えないであろう。であれば、作中の「先生」のように画一的な正解を想定した教育はこの精神に反する。むしろ、孝行という徳目をさほど重要なものとは思えない「私」の考えをまずは引き受け、そのうえで、私がそのような考えを抱くようになった思考過程や経験的背景に思いを致すことが、民主的態度にかなっている。つまり、多様な生活の場面のなかで各人が自らの価値観を内省的に捉えなおし、そのうえで、異なる生活背景を有する者どうし互いに異なる価値観を認め合うことが、民主社会における望ましい道徳的態度である。全面主義は、そのような態度を基盤とする道徳教

育だと言える。

　民主主義に基づく道徳教育は、特定の教科において徳目を一方的に教え込むようなやり方では実現しない。というのも、徳目主義は、学校を小さな民主社会として成り立たせることや、その中で民主的態度を育てることと、相いれないからである。むしろ全面主義こそが、こうした目的に相応しい。すなわち、民主的な道徳教育は、学校教育のあらゆる機会を通して全面的に進められるのでなければならない。これ以後、道徳教育を施すための固有の教科をあえて設置せず、学校でなされるすべての教育活動を通して道徳教育を進めていこうという、「全面主義」が、学校教育の基本方針となる。

第 3 節　「道徳の時間」の特設

　1952（昭和 27）年、対日講和条約の発効によって占領体制から解放されたのを契機に、日本では、道徳教育固有の教科の必要性が俄かに議論され始めた。1957（昭和 32）年には、文部大臣・松永東（1887-1968）が「道徳の時間」特設の件を教育課程審議会に諮問するに至る。これを受け、翌 1958（昭和 33）年、同審議会は、道徳の改善方針として「従来の意味における教科としては取り扱わない」が「毎学年、毎週 1 時間以上」のまとまった指導を継続的に行う旨の答申を行う[12]。また、同年、文部省令第 25 号「学校教育法施行規則の一部を改正する省令」が制定、公布された。これにより、小・中学校の教育課程は、「教科」「特別教育活動」「道徳」「学校行事等」の四つの領域から成るものと規定された。とりわけ道徳が教育課程の一領域として正式に位置づけられただけでなく、「道徳の時間」が新たに特設されたことは重要である。

　以上の経緯の結果、「小・中学校で週 1 時間程度を充てる」、「教科とは別の

枠組みの中に置く」、「専任免許を設けない」、「検定教科書を導入しない」、「点
数による成績評価を行わない」等の共通認識のもと「道徳の時間」が実施され
る運びとなった。ただし、このことは全面主義という既定路線の放棄を意味し
ない。たとえば、同年、文部省より発表された「小・中学校「道徳」実施要綱」
においては、「他の教育活動における道徳指導と密接な関係を保ちながら」実
施すること、また、「教師の一方的な教授や単なる徳目の解説に終わることの
ないように、特に注意」を要することが明記されている。これらの文言から分
かるように、「道徳の時間」の特設後も、全面主義の基本路線が揺らぐことは
なかった。

　では、「道徳の時間」に期待される役割とは何であったか。全面主義によれ
ば、道徳教育というものは、本来、教科学習、特別教育活動、学校行事などを
含む、学校生活の多様な場面において行われるべきである。週1時間程度の「道
徳の時間」の中で道徳教育が完結しうるはずはない。むしろ、多様な生活場面
のなかで学び取られた断片的な知を補充、深化、統合することこそが「道徳の
時間」に期待される役割であった。このように考えるなら、全面主義と特設主
義は決して矛盾しない。実際、長きにわたり、日本の道徳教育は全面主義と特
設主義を車の両輪として展開していった。以下、特記すべき重要な出来事のみ
を取り上げ、年表形式で提示する（**表2**）。

表2　戦後道徳教育の変遷

1958（昭和33）年	『小学校学習指導要領：道徳編』および『中学校学習指導要領：道徳編』が発表される。 ＊小学校、中学校のそれぞれにおいて、「道徳の時間」の「具体的な目標」が以下の通り掲げられる。 　・小学校 　　①「日常生活の基本的行動様式」 　　②「道徳的心情・判断」

	③「個性伸長。創造的生活態度」 ④「民主的な国家・社会の成員として必要な道徳的態度と 　実践的意欲」 ・中学校 ①「道徳的な判断力」 ②「道徳的な心情」 ③「創造的、実践的な態度と能力」
1968（昭和 43）年 1969（昭和 44）年	『小学校学習指導要領』改訂 『中学校学習指導要領』改訂 ＊教育課程が四領域から「各教科」「特別活動」「道徳」の三つ 　に変更される。
1977（昭和 52）年	『小・中学校学習指導要領』改訂 ＊目標の中に、新たに「道徳的実践力を育成する」ことが付け 　加えられる。
1989（平成元）年	『小・中学校学習指導要領』改訂 ＊目標において「道徳的心情を豊かにすること」が強調される。 ＊内容が小・中ともに以下の四つに整理される。 　①主として自分自身に関すること 　②主として他の人とのかかわりに関すること 　③主として自然や崇高なものとのかかわりに関すること 　④主として集団や社会とのかかわりに関すること

（筆者作成）

第 4 節　「特別の教科 道徳」の設置

(1) 道徳教育の強化に向けた動き

　民主主義と全面主義は戦後の道徳教育の基本的な理念であり、一貫して、こ
れらの理念のもとで道徳教育の充実化が図られてきた。たとえば、1998（平成
10）年の小・中学校『学習指導要領』改訂において、全面主義の道徳教育を一
層充実する目的から、道徳教育の目標が総則に掲げられるようになる[13]。また、
『学習指導要領解説−道徳編−』では、体験活動などを生かした「心に響く道
徳教育の実施」[14]が掲げられ、このことからも、子どもの価値観やその根底に

ある生活背景の多様性を尊重するという、民主教育の路線を見て取ることができる。

　だが、2000 年以降、道徳教育の充実を道徳の教科化と結びつけて考える論調が、次第に勢いを増してきた。2000（平成 12）年には内閣総理大臣の私的諮問機関として教育改革国民会議が発足され、最終報告「教育を変える 17 の提案」が出される。これは「学校は道徳を教えることをためらわない」と主張し、小学校に「道徳」、中学校に「人間科」、高校に「人生科」などの教科を設けることを提案するものであった。この提案は実行されなかったが、後に「特別の教科　道徳」が実現するうえで一つの布石となったと言える。

　また、『心のノート』の導入が大きな議論を巻き起こしたのもこの頃である。『心のノート』は道徳について児童、生徒が考えるきっかけとなる教材として導入されたが、いうまでもなく、これが「道徳の時間」の教科書に位置づけられることは、本来、あってはならないことである。しかし、実際『心のノート』は学習指導要領に示された道徳の内容項目に沿った作りになっており、このことから、「道徳の時間」での使用を意図して編纂された「国定教科書」に等しいものであるとの批判が多方面から起こった。

(2) 道徳科の実現

　とはいえ、戦後の道徳教育の最も大きな転換点は、「教育基本法の改正」と「道徳の教科化」を措いて他にないであろう。これまで見てきたように、戦後の道徳教育は二つの原理に支えられて展開してきた。一つは教育基本法（教育憲法）が定める諸理念（民主主義、平和主義、人格主義）であり、もう一つは民主主義の理念から導かれる教育方法論上の帰結としての全面主義である。その意味では、教育基本法の内容変更と道徳科の設置は、道徳教育および学校教

育全般にとって屋台骨をなしてきた基本原則を、根本から動揺させる出来事であった。

　教育基本法の改正は、2006（平成 18）年、第一次安倍晋三政権の下でなされた。以前に引用した「前文」の内容から分かるように、教育基本法は、日本国憲法の理念を「教育の力」によって実現するための法律であり、準憲法的な性格を有する。したがって、言うまでもなく、その改正に際しては、しかるべき事実が改正の必要性の根拠として示され、その妥当性が慎重に吟味されなければならない。文部科学省は改正の必要性について、子どものモラルの低下、学ぶ意欲の低下、家庭や地域の教育力の低下等の問題があることを挙げている⁽¹⁵⁾。しかし、こうした問題が事実存在するとして、その解決のために、なぜ教育基本法に着手する必要があるのか。個別具体的な解決策がいくらでも考えられるのではないか。大いに疑問を感じる。

　いや、改正内容を見ると、単なる疑問というよりも、むしろ不信の念を禁じえないのである。この不信感のよってきたるところは、おもに第 2 条（教育の目標）第 5 項にある。そこには、「伝統と文化を尊重し、それらをはぐくんできた我が国と郷土を愛するとともに、他国を尊重し、国際社会の平和と発展に寄与する態度を養うこと」と明記されている。この文言は「愛国心」教育の推奨とも受け取ることができ、憲法第 19 条や子どもの権利条約第 14 条によって保障される、思想・良心の自由の侵害につながる恐れがある。

　このような背景を加味するならば、道徳の教科化は、戦後教育史における極めて危うい一歩を踏み出すことのように映る。というのも、教育基本法における愛国心の明記と相俟って、より一層の現実味を帯びて修身科の復活が予感されるからである。個の抑圧と引き換えに自国賛美を強要する、あの歪な国家主義的「道徳」教育の再来を思うことは、決して単なる杞憂などと片付けられな

いであろう。

　道徳の教科化に関しては、昭和 30 年前後から、繰り返し取り沙汰されてきた。だが教科化の動きが一気に加速したのは、2012（平成 24）年 12 月、第二次安倍政権が発足して以降である。2013（平成 25）年 2 月、当時の安倍内閣の私的諮問機関である教育再生実行会議は、「いじめ問題等への対応」として、心と体の調和のとれた人間の育成に取り組む観点から、道徳の時間を教科化することを提言した。そして、翌 2014（平成 26）年 2 月、文部科学大臣・下村博文が、中央教育審議会に「道徳に係る教育課程の改善等について」諮問する。その後、有識者会議（道徳教育研究者や文部科学省 OB など 17 人）による検討を経て、道徳の時間を「特別の教科」（仮称）として位置づけることなどを提言する「道徳に係る教育課程の改善等について」（答申）が同年 10 月 21 日に文部科学大臣に提出された。

　この答申において示された改善方策とは、具体的に、どのようなものだろうか。豊泉による整理が明解なので、以下にこれを提示する(16)。

(1)　道徳の時間に、教科にはない側面があることを踏まえて、学校教育法施行規則において、新たに「特別の教科」（仮称）という枠組みを設け、道徳の時間を「特別の教科 道徳」（仮称）として位置づける。

(2)　「特別の教科 道徳」（仮称）も、「道徳性」の育成が目標であることを踏まえ、学校の道徳教育の目標について現行の学習指導要領の規定を整理し、明確で理解しやすいものに改善する。

(3)　道徳の内容をより発達の段階を踏まえた体系的なものに改善する。学習指導要領に示す四つの視点の意義を明確にするとともに、その順序等を適切に見直す。情報モラルや生命倫理などの現代的課題の扱いを充実す

る。

(4) 対話や討論など言語活動を重視した指導、道徳的習慣や道徳的行為に関する指導や問題解決的な学習を重視した指導などを柔軟に取り入れる。家庭や地域との連携の強化を図り、家庭や地域にも開かれた道徳教育を進める。

(5) 「特別の教科　道徳」（仮称）の特性を踏まえ、中心となる教材として、検定教科書を導入する。教科書だけでなく、多様な教材が活用されることが重要であり、国や地方公共団体は、教材充実のための支援に努める。

(6) 児童生徒の道徳性の評価については、多面的、継続的に把握し、総合的に評価し、数値などによる評価は不適切である。指導要録に「特別の教科　道徳」（仮称）の評価を文章で記述するための専用の記録欄を設けることや、道徳教育の成果として行動に表れたものを適切に評価するため、「行動の記録」を改善し活用することなどにより、評価の改善を図る。〔下線は筆者〕

　運用面に関する基本方針として、「新たに「特別の教科」という枠組みを設け、道徳の時間をここに位置づける」、「中心となる教材として検定教科書を導入する」、「道徳性の評価について数値などによる評価は行わない」、以上、三つの点が挙げられる。また、内容面については、情報モラルや生命倫理など現代的課題の取り扱いを充実することや、対話や討論など言語活動を重視した指導を取り入れることに大きな特徴がある。

　道徳の教科化に関して、「教師の意識を変える効果がある」とか「予算的後押しが行われやすくなる」などの賛成意見も聞かれる。他方で、「内容の充実はこれまでにも図られてきた」、「教科化によって教育水準を保てるというのは

短絡的だ」といった慎重な声もあるだろう。ただ、こうした各論的な議論は問題の本質を見えにくくする恐れがある。道徳の教科化において何が本当の問題なのか、歴史的な視点をもって俯瞰的に考えることが大切であろう。たとえば、現代的な諸課題について対話的に考える取り組みは、多様な価値観がぶつかり合うこの社会を他者と協同して生きるうえで、極めて有効な実践であると評価できる。児童生徒の主体性に基づくそうした取り組みは、真に道徳的探究と呼ぶに相応しいもののように思える。しかし、開明的な教育から出発しながら、むしろ逆方向へと突き進んでいった過去の歴史を想起すべきである。そのような歴史が再び繰り返されないと、果たして言い切れるだろうか。むしろ、ここ数年の政治的動向に鑑みて、歴史が反復される素地は十分すぎるほど整っているように思うのは、筆者だけであろうか。

　もっとも、始まったばかりの道徳科について、肯定的にせよ否定的にせよ確定的な評価を下すことは時期尚早である。いくばくかの危険を孕みながら、それでも確かな希望に導かれてスタートしたというのが適切な状況認識かもしれない。今後「特別の教科　道徳」をどの方向に発展させていくかは、現場で実施していく教師一人ひとりの手に委ねられているのである。

　次章以降、「特別の教科　道徳」の内容面での二つの特徴に焦点を当て、この教科が秘めている潜在的な教育の力を最大限に引き出すための方途について考えていく。第Ⅲ部（第5・6章）では、対話や討論などの言語活動を有意義に進めるための「理論」をいくつか検討する。第Ⅴ部（第7・8章）では、生命倫理や情報モラルなどの現代的課題を取り扱うことの意義を確認する。そして、どのような授業展開が可能であるか、検討済みの理論も参照しながら考察する。

注

（1）文部省『学制百年史（資料編）』帝国地方行政学会、1972 年、52 頁。

（2）同上、57 頁。

（3）伊ケ崎暁生・吉原公一郎編『戦後教育の原典 2　米国教育使節団報告書』現代史出版会、1975 年、84 頁。

（4）文部省『学制百年史（記述編）』帝国地方行政学会、1972 年、710 頁。

（5）同上、713 頁。

（6）伊ケ崎・吉原編『戦後教育の原典 2　米国教育使節団報告書』142 頁。

（7）国立教育政策研究所『研究資料　教育課程の改善の方針、各教科等の目標、評価の観点等の変遷―教育課程審議会答申、学習指導要領、指導要録（昭和 22 年～平成 15 年）―』（https://www.nier.go.jp/kiso/sisitu/page1.html）351 頁。

（8）文部省「道徳教育のための手引書要綱：児童・生徒が道徳的に成長するためにはどんな指導が必要であるか」貝塚茂樹監修『戦後道徳教育文献資料集　4』日本図書センター、2003 年、262 頁。

（9）文部省『学習指導要領一般編（試案）』明治図書出版、1951 年、20 頁。

（10）同上。

（11）中勘助『銀の匙』新潮社、2016 年、163-164 頁。

（12）国立教育政策研究所『研究資料　教育課程の改善の方針、各教科等の目標、評価の観点等の変遷』353 頁。

（13）文部省『中学校学習指導要領』大蔵省印刷局、1998 年、1 頁。

（14）文部省『中学校学習指導要領解説－道徳編－』大蔵省印刷局、1999 年、4 頁。

（15）文部科学省『新しい教育基本法について（詳細版パンフレット）』2007 年。

（16）豊泉清浩「道徳教育の歴史的考察（2）―「道徳の時間」の特設から「特別の教科　道徳」の成立へ―」『教育学部紀要』第 50 集、2016 年、251 頁。

第Ⅲ部
道徳教育の理論

第5章　道徳性発達理論

　道徳教育は、修身のように思想統制の道具と化すのはもちろん、特定の価値
を押し付ける場となってはならない。では、価値観の多様性を尊重した道徳教
育を目指して、どのような見地から道徳の授業づくりに取り組めばよいのか。

　第Ⅲ部では、授業づくりに活かせる有用な知見を、アメリカ発の諸理論から
学んでいく。前章で見たように「対話や討論などの言語活動を重視した指導」
への転換が道徳に求められるが、以下で見る方法論は、まさにこうした活動を
授業の中心に置く。従来のやり方に囚われない挑戦的な授業を試みるとき、こ
れらの方法論は有力な武器になるだろう。

　さて、これまで自然と規則という対比を手掛かりに、道徳の本質や道徳教育
の歴史的変遷について見てきた。この対比は、道徳教育の論争を読み解く手掛
かりにもなる。以下では、道徳性発達理論（theory of moral development）と
価値明確化理論（theory of values clarification）を紹介する。これらの理論は、
いずれも学習者の主体性を尊重する一方、学習者が身に付ける道徳性の意味に
ついて考えを異にする。前者は社会的コンセンサスを形成する力に道徳性の意
味を求め、どちらかといえば規則の側面を重視する。それに対して、後者は自
己の感情をありのままに受け入れる姿勢に道徳性の意味を求め、より強く自然
を志向する見方だと言える。

第1節　伝統的道徳教育：インカルケーション

　アメリカの道徳教育は、本質主義（essentialism）と進歩主義（progressivism）

という二つの大きな流れをもつ。

　本質主義とは、道徳の源泉を過去の世代から受け渡された伝統の中に見出す立場である。そして、こうした伝統を次世代に伝達することが学校の役割であり、それは社会から委託された任務であるということを強調する。この考えを汲むのが、「インカルケーション（inculcation）」と呼ばれる教育論である。これによると、道徳教育の目的は、社会的に望ましいとされる価値を子どもに「教え込む」ことである。こうした考えの根底には、子どもや教師についての独特な見方があるだろう。すなわち、子どもは自分の価値観をもたない白紙の存在であるという子ども観であり、そして、白紙の子どもに既存の価値を刻み込むことが教師の役割であるという教師観である。

　以上の伝統的立場に対して、子どもの興味、関心、成長欲を受け止めることや、子どもの自発性、主体性を尊重して活動意欲を引き出すことの重要性を強調する立場がある。これがいわゆる進歩主義であり、1960 年代以降の道徳性発達理論や価値明確化理論がこの思潮に属する。本書は、子どもの主体性を尊重してこその「道徳」であるという考えから、おもに進歩主義の諸理論を中心に論じるが、ここでインカルケーションについて簡単に触れておく。

　インカルケーションの歴史は古く、いわゆる伝統的方法として、多くの学校現場において実施されている。その来歴を辿れば 1880 年から 1930 年にかけて盛んであった品性教育（character education）にまで遡られるが、考えの要諦は、近年のインカルケーションの推奨者であるウィンの言葉を通して、明確に知ることができる。ウィンは「将来世代に適切な価値を伝達することは、大人が担う最も重要な責任の一つである」と主張し[1]、伝達すべき価値が予め存在することを前提に議論を進める。この前提と、個人の性格（character）を表出する「行為（acts）」は諸々の価値に関わるという仮定をもとに、彼は、行為

の訓練（discipline）によって伝統的価値を志向するよう子どもの性格を改良することが、道徳教育の第一の要素である、と結論づける[2]。ここからわかるように、インカルケーションの教育論は、道徳授業を「教化（indoctrination）」の場として捉える。また、一方の教師には、伝統的価値を体得した智者の役割を期待し、他方の子どもには、教師の価値観によって染め上げられる純粋無垢な存在であることを要求する。

　ウィンが伝統的価値の一例として「十戒（Ten Commandments）」を挙げていることは[3]、直截に「神の命令理論（divine command theory）」を連想させ、インカルケーションの核心に他律の道徳があることを明確に物語っている。命令理論によれば、道徳規範とは、神という超越者をはじめ年長者や共同体など、ウィンが「正当な権威（legitimate authority）」[4]と呼ぶ何らかの他者によって発せられる命令なのである。個人はこうした命令に従順に振る舞うとき、そしてそのときに限り、正しくあると評価される。反対に、命令に背いた仕方で振る舞えば必然的に不正であるとされる。

　この考え方のメリットは、倫理学においてしばしば論争の的となる、道徳における客観性の問題を解決できる点にある。というのも命令理論によれば、行為主体が道徳的に正しいかそうでないかは、行為が命令の内容と一致しているかどうかによって一義的、客観的に決まるからである。

　だが、こうしたメリットにもかかわらず、インカルケーションが理想とする教師像に対して多くの人は何か不誠実なものを感じ取るだろう[5]。というのも、道徳問題に誠実に向き合う人ほど、自身の身の処し方に思い悩み、複数の選択肢を前に何が本当に正しいか苦慮するものだと、私たちは知っているからである。逆説的にも「無知の自覚」のみが、本来的に無知な人間存在に、知への途上にある者としての尊厳を与えうるのではないか。ソクラテスのこの洞察は、

道徳の文脈においても妥当するであろう。おのれの道徳的な弱さを認める教師は、その認識ができている分だけ、道徳の権威を自認する教師よりも有徳であると思える。価値の対立や葛藤が存在することは、現実社会において、目を背けてはならない真実なのである。

　迷いや葛藤は道徳判断にとって欠くことのできない出発点であり、これらの困難に対処する個人の考えや、背景にある経験の違いに応じて、導かれる答えは千差万別である。「人間は万物の尺度である」というプロタゴラスの成句を引き合いに出すならば、実のところ人間においてさえ正不正を決定する尺度は一様でない。歴史がこのことを物語っている。たとえば 1950-60 年代の公民権運動や女性解放運動は、アメリカ社会において既存の価値観の改定を迫る画期となる出来事であった。結果として、当地の教育者たちによって価値の多様性という事実が真摯に受け止められ、ひいては道徳教育の変革へと結実していったのである。

第 2 節　進歩的道徳教育：コールバーグの道徳性発達理論

(1)　プロセスモデルの道徳教育

　人間存在が抱える迷いや葛藤を率直に認めるとき、教師は教え込みを差し控え、代わって、子どもたちの中で生じているであろう、経験の流れに目を凝らし始める。この変革の要諦は「コントントモデルからプロセスモデルへ」という言葉で完結に言い表せるであろう[6]。

　コントントモデルとは、既成の諸価値の伝達をねらいとする伝統的な考え方を指す。それに対してプロセスモデルは、子ども自らが価値を獲得ないし創造する過程を重視し、この過程の援助を道徳教育の主要な目的と位置づける考え

方である。こうした革新的な取り組みとして、次章で扱う価値明確化理論に基づく教育実践と、コールバーグの道徳性発達理論に源流をもつモラルジレンマ授業が挙げられる。

　翻って、『中学校学習指導要領解説　特別の教科　道徳編』では、「答えが一つではない道徳的な課題を一人一人の生徒が自分自身の問題と捉え、向き合う「考える道徳」、「議論する道徳」への転換を図る」ことが強調されている[7]。たとえば第7章で見る現代医療が生み出す葛藤状況などは、間違いなく、ここで言及される類の道徳的な課題である。その際、解決に向けて求められる指針は、前もって与えられる徳目のようなものではありえない。むしろ、それは、考え議論する過程を通して漸進的に個人の中で形成され、集団の中で合意されていくべきものである。これこそが、1960年代のアメリカ教育界に起源を有する、プロセスモデルという新しい見方である。

　この教育観に立つとき、教師は教えるべき価値項目（内容）を所与のものとして素朴に措定することをやめ、代わって、子どもの内面において進行する価値の形成プロセスを援助し、支援者として、その内実を正確に把握するよう努める。そして、この内的プロセスとの相関において、当該主体「にとっての」価値の意義を一人称（生徒）の視点から反省させ、また三人称（教師）の視点から各人の道徳性の発達を評価する。

　この方法では、価値の相対性ということが積極的な意味をもつ。つまり、生徒一人ひとりが自らの経験に基づいて異なる価値を選択・受容することが重要とされる。この考えの背景には、一つに、現代社会の道徳的課題は一つの決まった答えを見出しがたいという事実があるが、それ以上に本質的な点として、価値は一人称主観において構成される理念的対象（ideal object）であるという、哲学的な認識があるであろう。

　もちろん、相対主義の基底にある寛容性の美徳が、何でもよしとする無責任な態度に堕すことがあってはならない。プロセスモデルもまた、たとえ道徳規則を自明の理として措定するのでないにせよ、やはり子どもがたどり着くべき何らかの目標を想定するはずである。不動の価値観を獲得する単発的経験ではなく、むしろ、現在の見方を絶えず問い直し、よりよい認識を目指して絶えず反復される重層的探究——それは授業時間を超えて子どもの生活全体にまで及ぶ——こそが、このモデルが掲げる「プロセス」の眼目であろう。

　ならば、そこで目指される「よさ」とは何だろうか。この問題について、まずはプロセスモデルの一つである道徳性発達理論を手掛かりに考える。

(2)　道徳性発達理論

　コールバーグが提唱した道徳性発達理論とはどのような考え方であろうか。まず、彼は道徳性を一種の認知能力として捉え、そのうえで、J・ピアジェ（1896-1980）の認知発達理論の諸概念を用いて、以下のように道徳性の発達過程を分析する。

　通常、人はいくつかの道徳規範を受け入れ、これらの認知的シェマ（枠組み）に基づいて個別の道徳判断を導く。ところが、ときに私たちは、既存のシェマから一義的な道徳判断を導出できないという、認知的不均衡の状態に置かれることがある。たとえば、あとで見る「ハインツのジレンマ」において、私たちは「法律の遵守」と「生命の尊重」という二つの行動原理の間で板挟みになる。このような状況がモラルジレンマである。コールバーグによれば、この状況下で人は二つの認知的シェマを調節し、「より高い均衡へ向かっての認知構造上の再組織化」[8]を実現しうる。これが道徳性の発達過程である。

　このような発達過程は、「論理‐数学的能力の発達段階」と類似した形式を

有すると言われる[9]。この類似性をどの程度厳格に受け取るべきか明らかでは
ないが、コールバーグは「道徳判断が感情の表現であるという情緒主義者
（emotivist）の考えは誤り」であると述べ[10]、少なくとも、規範命題（「〜す
べきである」「〜すべきでない」）の起源を個人の感情に求める考えに対して明
確に異を唱える。彼にとって道徳の基盤は、むしろ論理やそれを正しく導く理
性である。つまり、正しい論理によって導かれる判断のみを受容し通用させる
という、論理主義が、彼の基本的な立場である。

　ここで言う「正しい論理」は、最低限、次の三つの要件を満たす必要がある
だろう。第一に、推論の手続きが論理学的な意味で妥当であること。第二に、
前提となる事実判断が真である（事実に合致している）こと。第三に、前提と
なる基本的な価値判断が妥当性を有すること。以上の三つである。

　ここで問題になるのは、価値判断について言われる妥当性の意味である。コー
ルバーグにとって、この妥当性は「万人に通用する」という意味であり、理想
的にはカントの定言命法において実現される判断の性格を表す。まとめると、
価値判断といくつかの事実判断を前提として、そこから規範命題を論理的に導
出するわけである。私たちが「価値」と呼ぶものは、厳密には、最も基礎的な
価値判断ないし価値基準のことであり、この価値基準の妥当性が、基礎づけら
れる様々な規範命題の妥当性を保証する。そして、ある規範命題を自身の行動
原理として受け入れるとき、私たちは、定言命法の理想に照らして、その命題
の妥当性を相対的に評価しているのである。

　以上のように、コールバーグによれば、規範命題は数学の公理のような確実
な原理を前提として、そこから推論によって導出される。この原理は個別の判
断に対して常に先行するという意味で普遍性を有し、また、判断主体の置かれ
る特殊状況によって左右されない絶対的な妥当性を具えている必要がある。

　人は何かしらの価値基準に従って道徳判断を下すのであるが、判断の大前提となる価値に揺らぎが生じ、新しい価値基準の再構成を迫られることがある。こうして獲得される価値基準が、以前のものと比べて妥当性において勝るならば、その人は道徳性において発達したと評価される。このような考えから、コールバーグは道徳性の発達プロセスを3水準6段階に分けて図式化した（**表3**）[11]。この表は、6つの異なるタイプの価値基準を妥当性の低いものから順番に列挙したものと読める。段階が高まるにつれ、人は快楽や自己の利益をよしとする利己的な原理から離れ、代わって、万人に通用する普遍的原理に従って行為するようになる。このように合理的な行動原理を自らの主体性において自己立法できること、簡単に言えば、自分の行為に向けられる「なぜそうするのか」という問いに対して、誰もが納得のいくもっともな理由を与えられること、このことが道徳性発達の到達点として目指される。

表3　道徳性発達段階の定義

Ⅰ．慣習的水準以前
　1．罰回避と服従への志向――行為の善悪は、その行為の外的な結果が人から褒められるか、罰せられるかによって判断される。
　2．道具的相対主義への志向――行為の善悪は、その行為が自己の欲求や利益を充足するのに役立つかどうかによって判断される。
Ⅱ．慣習的水準
　3．他者への同調ないし「良い子」志向――他人から褒められることや、他人とよい関係を持つことを意図して、道徳判断がなされる。
　4．法と秩序への志向――義務を果たし、権威を尊重し、既存の社会的秩序を維持することを意図して、道徳判断がなされる。
Ⅲ．慣習的水準以降（自律的、原理化された水準）
　5．社会契約的な遵法主義への志向――正しい行為は、個人の権利と価値観を考慮しながら、社会全体から承認されるよう一定の手続きを経て定められる。
　6．普遍的な倫理的原理への志向――正しさは、論理的普遍性と一貫性に照らして、自己選択した原則（定言命法）に従う良心によって定められる。

（出典：Kohlberg, 1971 をもとに作成）

第3節　道徳性発達理論の応用：モラルジレンマ授業

　上の理論を実践に移したのがモラルジレンマ授業である。この授業では、おもに読み物資料を用いて、あるモラルジレンマを生徒に提示する。その後、教師は「あなたならどうするか」そして「なぜそうするのか」を生徒に問う。つまり、特殊な状況のもとでなされる個別の道徳判断と、その判断を受け入れる一般的な理由とが、一体的に検討されるのである。

　理由に目を向けるねらいの一つは、判断の根拠にまで遡って導出の手続きを吟味することである。加えて、より中心的なねらいとして、行動の選択において自身が拠り所とする価値基準を自覚させ、他者と協同してその妥当性を評価するということがある。このように、論証の評価と価値の評価とを並行して行うクリティカル・シンキングを通じて、道徳に関わる認知能力に発達がもたらされると期待されるのである。

　次のハインツのジレンマを例にして、授業の展開を確認しよう。通常、モラルジレンマ授業は Step1〜Step4 の4つの段階を踏んでなされる。

【ハインツのジレンマ】

　ヨーロッパで、一人の女性がたいへん重い病気のために死にかけていた。その病気は、特殊なガンだった。彼女の命をとりとめる可能性をもつと医者の考えている薬があった。それは、ラジウムの一種であり、その薬を製造するのに要した費用の十倍の値が、薬屋によってつけられていた。病気の女性の夫であるハインツは、すべての知人からお金を借りようとした。しかし、その値段の半分のお金しか集まらなかった。彼は、薬屋に、妻が死にかけていることを話し、もっと安くしてくれないか、それでなければ

後払いにしてはくれないかと頼んだ。しかし、薬屋は、「ダメだよ、私がその薬を見つけたんだし、それで金もうけをするつもりだからね。」と言った。ハインツは思いつめ、妻の生命のために薬を盗みに薬局に押し入った。

　ハインツは、そうすべきだっただろうか？　その理由は？[12]

| Step1 | 子どもに上記のジレンマを提示し、次の二つの発問をする。 |

発問 1 「ハインツは薬を盗むべきか否か。」

発問 2 「それはなぜか。」

| Step2 | モラルジレンマシート（**表 4**）を用いて、第一次判断と、その判断理由を考える。 |

| Step3 | 判断理由に焦点を合わせて、クラス全体でディスカッションをする。 |

| Step4 | ディスカッションのあと、第二次の判断と判断理由を考える。 |

表 4　モラルジレンマシート

問 1.　あなたがハインツの立場なら、どうしますか？	
薬を盗む	薬を盗まない
問 2.　そう考えた理由は？	

(筆者作成)

通常、人はいくつかの規範命題（「盗んではならない」「死なせてはならない」

等）を受け入れ、これらを認知的シェマとして物事の善悪を判断している。ハインツのジレンマは、既存のシェマの一方を維持するなら他方を放棄せざるをえないという、認知的不均衡を学習者に体験させる。

　ワークシートに取り組む子どもは、たとえば「命よりも大事なものはない」という理由づけのもと、「盗むべきだ（盗むことはやむを得ない）」という結論に至るかもしれない。このときに子どもの内面において起こるのは、二つの異なる認知的シェマを「調節」し、新たに高次のシェマ（道徳規範）を獲得していくという「認知的発達」の過程である。コールバーグによれば道徳性は、このように、より高い均衡への認知構造の再組織化という形式をとって発達するのである。

第4節　モラルレジンマ授業の課題

　上で述べたように、コールバーグは合理主義の立場から自然主義の誤謬を論難する。だが反対に、自然主義の陣営が合理主義を批判することも十分に考えられるであろう。コールバーグ理論の特徴は、道徳について語る際の内容の文脈と形式の文脈を切り分けて考え、もっぱら形式の文脈から道徳性の発達を解明していくことにあった。理由づけという形式的手続きが踏まれてさえいれば、答えの内容が一つに収斂しなくてもよい、というのがモラルジレンマ授業の基本的な考えであろう。容易に推測されるように、相対主義という古くから指摘されてきた道徳のアポリアが、ここでも浮上してくる。こうした困難に直面し、後年、コールバーグは自身の理論を修正し、「道徳教育は部分的にはインドクトリネーションでなければならないと思っている」と述べるに至った[13]。だが、こうした進み行きは教え込みへの回帰であり、修正というよりもプロセスモデ

ルの後退であるように見える。

　合理主義にはもう一つ大きな弊害がある。それは、価値の探求を「道徳パズルの答え探し」という程度のものに矮小化する恐れがあるということだ。読み物（虚構）をもとに登場人物のある行動パターンを推論することが、子ども自身の行動の変容にどれほど寄与するのか、疑問に思われる。モラルジレンマの授業法は、多様な局面を内包する生活の全体から、価値探求という文脈を過度に抽象するきらいがある。

　アクラシア問題が示唆するように、生活感情から乖離する価値は行為に対して動機づけの力をもたないであろう。アクラシアとは、ある行為を悪いと知りつつ、欲望のゆえにそれを行ってしまう性向のことである。同様に、行為の正しさを理解することと、その行為を実際に為すことの間には、大きな隔たりがある。というのも、行為は、たとえその正しさを頭で分かっていても、真に意欲できなければ実行に移されえないからである。次章で見る価値明確化理論は、価値が生い立ってくる源泉として個人の経験や感情の重要性を強調する点で、モラルジレンマ授業の短所を補完することが期待される。

　また、道徳性発達理論は、規則への志向を強調するあまり、人間関係への配慮（ケア）という道徳の要素を不当に軽視しているとの批判もある。明らかに、コールバーグは、カントの伝統を汲む最も厳格な「義務の倫理（義務論）」を採用している。しかし、道徳を事実に還元するのが自然主義的誤謬であるとすれば、それに対して、事実を超越した永遠不変の道徳（eternal, immutable morality）を素朴に想定することは理性主義的独断だと言えるだろう。まさにこの点を衝いた批判が、C・ギリガン（1937-）によってなされた。

　ギリガンは、先の「ハインツのジレンマ」について二人の子どもが行った説明を紹介し、それぞれの説明が示唆する道徳性の意味について検討する。

ジェイク（11歳、男の子）の説明

〔ハインツは薬を盗むべきです。その理由として〕第一に、人間の命はお金よりも価値があります。薬剤師は、もし 1000 ドルしか儲けられなかったとしても生きてはいけるでしょう。でも、もしハインツが薬を盗まなかったら、ハインツの妻は死んでしまいます。【なぜ、命の方がお金よりも価値があるのですか？】——薬剤師はきっとそのうち、癌になったお金持ちから 1000 ドルを受け取ることができるでしょう。でもハインツは二度と妻を取り戻せません。【なぜできないのですか？】——だって、人はみんな違うから。だから、ハインツの妻を取り戻すことはできません(14)。

エイミー（11歳、女の子）の説明

うーん。ハインツが盗むべきだとは思いません。盗む以外の方法もあるかもしれないと思います。たとえば、お金を人に借りるとか、ローンを組むとか。でも、とにかく本当に薬を盗むべきではないと思います。でも、ハインツの妻も死ぬべきだとは思いません。

〔なぜ盗むべきではないかというと〕もしハインツが薬を盗んだら、妻を助けることができるかもしれません。その時はそれでよいかもしれないけれど、きっと盗んだら牢屋に行かなければならなくなるでしょう。そうしたら、妻はもっと病気が悪くなってしまうかもしれないけれど、ハインツはもう薬を持ってくることができないから、よくないと思います。だから、本当にただただよく話し合って、お金をつくる他の方法を見つけるべきです(15)。

　ジェイクの判断は普遍的規則への志向を明確に示しており、コールバーグの尺度では低く見積もっても第 3 ないし 4 段階に達しているとみなされる。他方、エイミーの判断は道徳の問題を人間関係の問題と混同しており、せいぜい第 3 段階止まりであろうと評価される。しかし、少女に対するこのような低い評価は、普遍的規則を論理的に導出できるかどうかを道徳性の指標にするという、評価者の先入見によるものである。実際には、むしろジェイクとエイミーは、全く異なった種類の道徳性を各々の説明において示していると考えるべきなのだ。すなわち、ジェイクは個人的な事情を省いて論理と法律のシステムを通して問題を解決する能力を、そしてエイミーは、個人的な事情に目を向けながら人間関係におけるコミュニケーションを通して問題に対処する能力を、それぞれ示しているのである(16)。

　このように、ギリガンは、道徳を個人の合理的な意思決定の問題に切り詰めているとして、コールバーグ派の発達理論を手厳しく批判する。発達理論は、個人の置かれる状況（性格や能力、家庭環境、社会背景など）を度外視し、「理性的存在者一般」の視点から倫理的原理を立法するよう促す。しかし、原初の道徳は顔の見える「あなた」との間柄における出来事なのであって、そこにおいて共感を核とした何かしらの感情が「わたし」と「あなた」を結びつけているのである。道徳法則の下に万人が平等に繋がる社会（カントの言う「目的の国」）は、実は、その発生的基盤として感情的な間柄を必要とするのではないか。そうだとすれば、道徳性の意味を論理的思考力に切り詰める理論は、道徳性の他の重要な側面を見落としているのである。

注

（1）E. A. Wynne, "Transmitting Traditional Values in Contemporary Schools," in L.

P. Nucci (ed.), *Moral Development and Character Education* (Berkeley: McCutchan Publishing Corporation, 1989), 19.

(2) Ibid., 24ff.

(3) Ibid., 19.

(4) Ibid.

(5) 前章で見た『銀の匙』に登場する「先生」は、このような教師の代表的な例だろう。

(6) 西村正登「価値の明確化論を基盤にした道徳授業の研究」『山口大学教育学部附属教育実践総合センター研究紀要』第 34 号、2012 年、18 頁。

(7) 文部科学省『中学校学習指導要領解説　特別の教科 道徳編』教育出版、2018 年、2 頁。

(8) コールバーグ（内藤俊史ほか訳）「「である」から「べきである」へ」永野重史編『道徳性の発達と教育　コールバーグ理論の展開』新曜社、1985 年、50 頁。L. Kohlberg, "From Is to Ought: How to Commit the Naturalistic Fallacy and Get Away with It in the　Study of Moral Development." in T. Mischel (ed.), *Cognitive Development and Epistemology* (New York: Academic Press, 1971), 183.

(9) 同上。Ibid.

(10) 同上、51 頁。Ibid., 184.

(11) 同上、22-23 頁。Ibid., 164f.

(12) 同上、10 頁。Ibid., 156.

(13) L. Kohlberg, "Moral Education Reappraised," *The Humanist* 38 (6) (1978): 13-5.

(14) キャロル・ギリガン（川本隆史ほか訳）『もうひとつの声で：心理学の理論とケアの倫理』風行社、2022 年、100 頁。Carol Gilligan, *In a Different Voice* (Cambridge: Harvard University Press, 1982), 26.

(15) 同上、104 頁。Ibid., 28.

(16) 同上、107 頁。Ibid., 29.

［付記］本章は以下の論文から一部流用した。

梶尾悠史「価値づけ過程モデルに基づく道徳教育の批判と展望―自然と規範の二元論を超えて―」『奈良教育大学紀要』第 69 巻第 1 号、2020 年、63-72 頁。

第 6 章　価値明確化理論

　本章では、進歩主義のもう一つの思潮である「価値明確化理論（VC 理論）」について紹介する。VC 理論と関係の深いロジャーズ心理学や、この理論のバイブルと評される『価値と教授』の内容を検討し、個人の感情など主観的体験に重きを置く VC 理論の特徴を明らかにする。その後、道徳性発達理論との比較を通して、いかにして道徳の規範性を維持するかが VC 理論の課題であることを指摘する。最後に、合意形成をいっそう重視する近年の VC 理論の展開を手掛かりに、理性と感情を道徳性の二契機ととらえる。そして、双方の一体的な発達を目指した学校教育のあり方として、再度、全面主義の意義を強調する。

第 1 節　ロジャーズの価値づけ過程論

　価値明確化理論（VC 理論）は 1960 年代以降、アメリカの教育界において大きな影響力をもつ道徳教育論の一つである。教育現場における VC 理論の台頭は、1960 年代から 70 年代に最盛期を迎えた「人間性回復運動」の一つの表れであった。この運動において理論的な支柱となったのが、C・R・ロジャーズ（1902-1987）らの人間性心理学（humanistic psychology）や、彼の「価値づけ過程論」だった[1]。また、後継者である E・T・ジェンドリン（1926-2017）の「体験過程論」が、VC 理論に思想的基盤を与えたとも言われる[2]。そこで、ロジャーズの価値づけ過程論を手掛かりに、VC 理論の考える「価値づけ」を再検討し、この過程から構成される価値の真正性の意味を確認する。

　ロジャーズによれば、社会が求める「観念的価値（conceived value）」[3]と自己の経験から生い立つ自然な感情との間に隔たりがあるとき、個人は不安や脅威、混乱などさまざまな心理的不適応の状態に置かれる。この状況において、ともすると人は、経験の流れを観念的価値の枠組に押し込めることによって、自己を「概念的ゲシュタルト」[4]に固定化させて捉えることになる。だがそれは、自己の本来の生命を放棄することにほかならない。

　これに対して、生命活動の自然な発露を阻害する諸概念から心理的距離を置き、経験に適合したものとして自己を再体制化するとき、人は「最適の心理的適応」[5]を実現する。ここに至って、人は観念的価値に束縛された他律的生き方をやめ、「感情の流れの中に自由に生き」始める[6]。何が大切で何がそうでないか決定する指針を自己の内部に確固として確立している、そのような人は「成熟した人間（mature person）」[7]と呼ばれる。これこそが、ロジャーズの考える「有機体的価値づけ過程（organismic valuing process）」[8]の究極の目的である。

　以上の知見を踏まえて言えば、個人は他者から強制されることなく自由に選択する態度を恒常的に維持するとき、真正の価値主体となるのである。価値づけ過程に力点を置くこうした見解は、後で見るラスらの三条件にも通じる見方である。そして、同じことを価値そのもの（すなわち過程から導かれる結果）の側に力点を置いて述べ直せば、価値の真正性とは、〈自身の経験のみに由来する〉という意味での〈純粋性〉を表す。

第2節　ラスらの価値明確化理論

　VC理論の提唱者L・E・ラス（1900-78）らは、著書『価値と教授』で「価

値（*values*）をではなく、価値づけ（*valuing*）をこそ強調する」と述べる[9]。これは、価値を自体的な所与のように扱うのではなく、価値づける主観の作用との相関関係のなかで解明しよう、という提言である。

彼らによれば、「人生に方向性を与える」[10]生きた価値は、経験を外から統制してくる既成の道徳を〈括弧に入れる〉ことによって、はじめて正確に看取されるようになる。というのも、そうした価値は個人の経験の結果として常に経験に依存し、また、経験の流れに即応した仕方で絶えず生成の途上にあるからである。このように「異なった経験は異なった価値を生じさせ」、また「経験が蓄積し変化していくと、個人の価値も修正される」という相対論が、VC理論の根幹にある[11]。

VC 理論と道徳性発達理論は、各個人において進展する価値形成の過程を重要視する点で軌を一にする。しかし、両者が想定するプロセスモデルの間には、大きな違いが認められる。単純化して言えば、後者の合理論的モデルに比べ、いくつかの点において前者が採用するモデルは遥かに経験論的である。

まず、ラスらは「価値の指標（values indicators）」[12]と呼ばれる心的事実、つまり諸個人の願望や感情、態度などが価値の素材であると考える。もちろん、それらは価値そのものではないが、「その中から価値が育ってくる」もの、「価値に向かってはいるが」価値の「基準のすべてを満たしてはいないもの」であるとされる[13]。

では、その基準とはいかなるものか。これに関して、彼らは価値が満たすべき七つの「必要条件」に言及するが、大略、以下の三つにまとめられる[14]。個人の感情等が真正の価値となるためには、以下の諸条件を満たさなければならない。つまり、以下の①～③のすべてを満たすときのみ、人物Pにとって、「行為Aは好ましい」と「行為Aは価値がある」という二つの言明は等値である。

人物 P が、行為 A を

① 複数の選択肢の中から、結果を十分に考慮したうえで自由に選択する。

② 幸福感を抱きながら、他者に対して肯定できるくらいに尊重する。

③ 人生のあるパターンになるまで繰り返し行う。

　上の三条件は、情緒主義（emotivism）に引き寄せて解釈するとき、最もよく理解されるであろう(15)。ここで情緒主義とは、価値言明を、何らかの客観的なものについての記述とは別のタイプの言語表現、すなわち主観的感情の表出として理解する倫理学的立場である。このとき、①で言及される「選択」は、合理的な思考に基づく自己決定というより、むしろ感情との適合いかんに応じて自ずと形成される選好（preference）を意味する。したがって、「自由」という選択の遂行様態についても、意志の自由としての「自律」よりも「自然」の意味において、すなわち、さまざまな阻害要因によって妨げられることのない「自ずから然り」というあり方として、理解されるべきである。

　このような選択を他者に向けて開示し、それによって個人の選好に一段高い正当性を付与するのが、②に挙げられる「尊重」というメタ評価である。つまり、個人の選好を正当化するものは、再び、ある行為を是認することへの（他者への表明を伴う自覚的な）是認だという。このように、ラスらは価値の由来を、徹頭徹尾、個人の心情の中に見出そうとする。もちろん、この理論においても、真正の価値が単なる感情から区別されるが、そのわけは、理由づけなど感情以外の要素が価値において付け加わると考えるためではない。ある行為や物事を是とする自己の感情そのものを自覚的に肯定することによって、その感情を真にわがものとする点に、真正の価値の優越性が認められるのである。そ

うした価値を形成するために、人は、感情の一回的な表出や系統性をもたない諸感情の断片的な表出に止まることなく、自らが是認する行為の類型を反復的に遂行する必要がある。これが③に挙げられる条件である。

第 3 節　価値明確化の授業

　次に、『中学校道徳：読み物資料集』所収の「違うんだよ、健司」[16]をもとに、VC 理論に基づく教授法を具体的に見てみよう。この資料のあらすじは以下のとおりである。

> 　僕のクラスに転校してきた健司は、耕平の言動に同調してばかりいる僕に「そんなのが友達と言えるか」と言う。ある日、生活が乱れがちになった耕平を心配して、健司は三人で親戚の家に遊びに行こうと誘う。そこで出会った健司の祖母とその友達の会話や様子を見て、三人は、友達とは本来どうあるべきかを知る。（「違うんだよ、健司」あらすじ）

　VC 理論の実践においては、一般に「明確化の応答」という方法がとられる。授業の流れとしては、以下のようになる。

　Step1　本時で取り扱う内容項目と関係の深いテーマを示し、それについて普段どのように思っているかを学習者が自由に話し合う。（導入部）

　Step2　読み物資料を味読し、内容について話し合う。（展開部）

　Step3　再び同じテーマについて、印象や気持ちの変化に注意しながら自由に話し合う。（終末部）

　上の資料を用いる場合、「友情」がテーマとなるであろう。おもに導入部と終末部で、一人ひとりが自己の内面に向き合い、友情についてどのような感情をもっているかを明らかにしてゆく。その際、以下の補助教材を用いるのが有

効である（**表 5**、**表 6**）。

表5　順序づけシート

> 問．　友達関係で大切だと思うことは何ですか？
>
> 　　あなたが大切だと思う順番に番号を振りましょう。
>
> 　　（　）困っているときに助け合うこと
>
> 　　（　）相手の要望にいつでも従うこと
>
> 　　（　）お互いの考えの違いを認め合うこと
>
> 　　（　）相手に対して正直であること
>
> 　　（　）相手の間違いを指摘すること
>
> 　　（　）いつも和やかな雰囲気であること

（筆者作成）

表6　価値のシート

> 　以下の質問に答えてください。
>
> 1. あなたにとって友情はどんな意味をもっていますか？
> 2. あなたに友達がいる場合、あなたがその人たちを選んで友達になったのですか？　それとも偶然に友達になったのですか？
> 3. あなたはどのように友情を表しますか？
> 4. 友情を発展させ、維持することはどの程度大切だと思いますか？
> 5. あなたが今までの友情のあり方を変えようとしている場合には、どのように変えたいのか、教えてください。全然変えようとは思っていない場合は、「変えない」と書いてください。

（出典：Raths et al., 1966）

　一見、些末な質問のように映るかもしれない。しかし、こうした何気ない問いかけに答えていく中で、学習者は友情について自分がどのように考える傾向

があるのかを、おのずと自覚してゆくのである。この「おのずと」という点が重要である。教師の心構えとして、正しい解答を示したり、特定の価値に導いたりしてはならない。教師はあくまで支援者として、子どもの考えを刺激したり励ましたりしながら、価値の獲得を援助することに徹する。また、子どもの発言を受容することが基本である。教師は決して評価を下してはならない。加えて、学習者が何の抵抗感もなく自身の内面を表現できるよう、クラスに受容的な雰囲気を作ることが大切である。

第4節　価値明確化授業の課題

(1) 感情と理性の問題

　以上で見たように、VC理論は何よりも子どもの感情表出の自由を尊重する。だが、VC理論において理想とされる自由が、「自由」という概念のすべてではない。以前に触れたように、次の二つの自由を区別する必要がある。第一に、人間や物体が外的な力によって決定されることなく、それ自身に由来する自然な傾向に従って行為ないし運動する、という意味での自由である。物理学における「自由落下」は、重力を除く他のいかなる力の影響も受けないという意味で、この種の自由を想定している。また、VC理論や人間性心理学が考える「心理的自由」は、自身の本性からくる心理的傾向のみに従って行為するという意味で、この自由にほかならない。

　これに対して、第二に、外的な強制を受けることなく、内的な理由づけや動機に基づいて自己決定しているという意味での、自由が考えられる。たとえば、私は空腹を満たすために菓子パンを買える状況にあるにもかかわらず、食欲という自然な傾向に抗って敢えて買い食いを控えるかもしれない。このような選

択の可能性が行為主体に開かれていることも、一つの自由である。

　二種類の自由は必ずしも同時に実現しない。そればかりか、普段の私の傾向からすれば買い食いすることが自然かもしれず、その場合、実際に行使された自由は自然に反するとさえ言える。ここで二つの「自由」概念を切り分けて考える必要がある。一方は、感情が他のものによって抑制されることなく自ずから然りという仕方で生起する自由である。他方は「意志の自由」と言い換えられうるもので、心的事実には還元されない規範を自らの意志で選び取る自由がそれである。この意味で自由な主体にとって、行為を促す根拠や動機は、個人の感情を超えたところに起源をもつ。そして、感情に左右されることなく普遍的な視座から自己立法することに、真の自律が求められる。

　近世以降の倫理学では、意志の自由と自己立法としての自律が探求されてきた。多くの倫理学者は、感情とは別に実践理性としての意志の働きを認め、また、心的事実には還元不可能な諸原理を意志の対象として措定してきたのである。このパラダイムのもとでは「何を意志すべきか」や「いかなる原理に従うべきか」が、倫理学の問いの基本形式と考えられる。

　さて、倫理学のパラダイム転換を図るかに見える VC 理論だが、むしろ「自然と規範」や「感情と理性」の差異にかかわる微妙な問題に無頓着であったというのが実情ではないか。ここで、コールバーグが「「である」から「べきである」へ」と題する論文で展開した批判を思い出そう。その批判の矛先は、おそらく VC 理論にも向けられうるだろう。前章で見たように、この論文でコールバーグは、事実判断（「〜である」）から道徳判断（「〜べきである」）が導出されるとする考えを、「自然主義的誤謬」と呼んで論難し[17]、そして、「道徳性は〔……〕情動的で非理性的な過程である」とする見方を、悪しき相対主義と結び付くものとして否定したのである[18]。

　学習者自らが価値を形成する過程を尊重し、また、その過程を後押しすることに教育の意義を認める立場を、「プロセスモデル」と呼んだ。プロセスモデルのうち、道徳性発達理論が価値形成の過程における論理的思考の寄与に着目するのに対して、VC 理論は価値の源泉である感情や、みずからの感情を真正の価値として受け入れるに至る経験の全体を重視する。理性に重きを置く前者は、議論を通して同じ規則（ノモス）を共有し、進んでそれに従えるようになることを、道徳性の達成ととらえる。だが、このような理解は、感情の自然な流れ（ピュシス）の中を生きることを理想とする後者の立場と、相容れない部分がある。

　VC 理論にとって、規則とは、ひとたび形成されれば既成の「観念的価値」へと変貌し、ともすると自由な生を「概念的ゲシュタルト」に固定化させる恐れがあるものである。他方、発達理論から見れば、個人の感情をそのままに容認することは、道徳の本質である規範性を蔑にすることであり、それは道徳教育そのものの放棄にもつながる。次にこの観点からなされる VC 理論への批判を紹介する。

(2) 相対主義の問題

　ここまでの議論で、異なる二つの種類のプロセスモデルが確認された。一方の発達理論を基盤とするモラルジレンマ授業はいまなお広く支持され、日本では「考え、議論する道徳」への授業の質的転換が求められる中、ますます注目を集めていると言える。それに対して、VC 理論に基づく実践は「価値の混乱」を引き起こしたとも言われ、はっきり失敗とみなされる向きがある。

　価値明確化が現場にもたらしたとされる「混乱」とは、一言でいえば、価値の相対化である。教師にとって多様な価値を認める寛容の姿勢は、当然是正す

べき間違った価値認識をも容認する無責任の姿勢と紙一重である。こうした行き過ぎた「寛容」が価値の相対化や流動化を生み出し、結果、教育現場は子どもに正しい道を示せなくなってしまったというわけである。

　ラスらの VC 理論は、道徳的価値を各個人の感情へ消去的に還元する考えをとっているように見える。この考えは倫理的主観主義と呼ばれ、道徳的価値の客観性を棄損するものとして、しばしば批判されてきた。ここで、主観主義の代表である D.ヒューム（1711-1776）の議論を見てみよう。

　　悪徳と認められている何らかの行為、たとえば故意の殺人を取り上げてみよう。これをあらゆる点から検討して、「悪徳」と呼ばれる事実、つまり現実の存在が見出せるかどうか見てみよう。〔……〕反省を自分の胸のうちへ向け、自らのうちに生ずるこの行為に対する非難の心情を見出して初めて、悪徳を見出すことができる。ここには事実がある。しかしその事実は、感じとる対象であって、理性の対象ではない(19)。

　ヒュームによれば、ある行為に帰属される価値述語は、その行為に対する個人の是認や否認の感情語に置き換えられる。たとえば、「殺人は悪である」は「殺人はイヤ！」と同義である。また同様に、「人助けは善である」は「人助け、イイネ！」と言い換えることができる。このように考えた場合、道徳判断の正当化は完全に各個人に委ねられることになる。というのも、「殺人は悪である」という言葉は、殺人が呼び起こす「イヤ！」という否認感情を指示するのであり、このような感情が現に発話者の中に存在する限り必ず真であるからである。また、仮に「殺人は善である」と本気で言う人がいた場合、上と同じことがその人の発言についても当てはまることになる。つまり、ある人にとっ

て「殺人は悪である」が真であり、別の人にとって「殺人は善である」が真である、ということが帰結してしまう。VC 理論が価値の混乱を生み出す理由は、おおよそ以上のとおりである。

　次に、実践例をもとに、より具体的に VC 理論の問題点を指摘する。たとえば、『価値と教授』では、自身の感情や信条に注意を向けさせる手法として「価値のシート」[20]の活用を推奨している。前節で紹介した教材（**表 6**）をもう一度見てみよう。これにより明らかになるのは、「友情」という価値そのものではない。というのも、どう応じるにせよ、引き出される答えは自己の行為への強制力をもたず、また、類似の応答を他者に期待するような内容でもないからである。道徳判断の日常の使用を見ればわかるように、「誠実であるべきだ」「援助すべきだ」など当為表現の中には、強制と普遍妥当性とが含意されている。私は誠実であるよう自らを戒めるとともに、他の人々にもそうあってほしいと望んでそのように言う。「友情」という語は、ある類型の行為を何らかの理由に基づいて要請してくる、諸々の規範命題を代表する。たとえば、「友人の不正を告発すべし」はその一つであり、「罪を償うことが彼のためになるから」等を根拠に推論される。その他にも「友情」という概念を中心に体系化される数多くの規範命題が考えられ、それぞれ根拠となる理由を共有するすべての人間にとって妥当するであろう。価値とは、すべての理性的存在者に等しく妥当する、理性からの要請なのだと考えられる。

　失敗とみなされるもう一つの例を挙げよう。サイモンとカーシェンバウムは、『価値明確化ワークブック』において「あなたがしたい 20 の事柄」という課題を推奨している[21]。中学二年生を担当する教師がこの課題を出したところ、どのような結果が得られたであろうか。最も多かった答えは上位から順に「セックス、麻薬、飲酒、学校をサボること」だったという[22]。もしも生徒が

このように答えたなら、さまざまな理由を挙げて考えを改めるよう説得するの
が、教師として当然の対応ではないだろうか。だが、VC 理論はそのような指
導を行うための枠組みをもっていないのである。

　結局のところ、VC 理論は個人的な趣味と同じレベルで道徳的な価値という
ものを理解しており、道徳の本質である規範性を軽視している。仮にこのよう
な価値理解に留まるならば、VC 理論は、善く生きる上での基本的態度となる
「自由と自律」を、子どもに教えることができないであろう。以上が VC 理論
に対して広くなされる批判である。

第5節　価値明確化理論の発展

　おそらく、いま見たような VC 理論批判は、価値判断における感情と理性と
の相互的な働きを、過度に切り離して理解することに由来するであろう。遡れ
ば、アリストテレスは「喜ぶべきものを喜び、苦痛を感ずべきものに苦痛を感
じる」よう導くことが教育の目的だと言った(23)。感情は理性が定める適切な行
為を後押しする限り一種の徳なのであり、思考に従うこの「性格の徳」に向け
て人格を陶冶することが教育の目的であるというわけである。たしかに理性と
感情の調和は、多くの場合、相互の葛藤の末に感情の変容において実現されう
るであろう。だがその場合でも、感情が価値形成にとって不可欠の要素である
ことに疑いの余地はなく、このこと自体は価値の合理的形成モデルを受け入れ
ることと何ら矛盾しない。だとすると、思考や議論などの言語活動を導入する
ことと引き換えに、内面で生起する原初的な情動を見つめる機会を排除するこ
とは、非常に偏った教育実践であると言わざるをえない。

　このことを踏まえ、本書が提案したいのは以下のようなプロセスモデルであ

る。それは、一人ひとりの感じ方を大切にしつつ、自分の感情を他者に伝える
努力や他者の感情を理解しようとする努力を通して、相互の共感（empathy）
を形成していく過程である。この過程の中で、なぜ私はそう感じるのか（感情
の理由）を、その人自身の経験的なバックグラウンドも含めて語り出すことが
求められる。こうした取り組みを通して、道徳的価値が「理に裏打ちされた情」
として私たちに共有されるようになる。したがって、道徳の客観性とは「相互
主観性」を意味するのである。

　このような方向での議論の拡張が、実は、VC 理論の論者の中で既に試みられ
ている。『価値と教授』の共著者であるハーミンの弟子、カーシェンバウムの
名を挙げることができるだろう。彼はロジャーズの価値づけ過程論を受容しつ
つ、価値づけの実践的文脈を個人の経験から「社会的文脈」へ拡張して捉えよ
うと試みる。彼は次のように述べる。

　　　ここで定義されるように、価値づけの過程は、私たちの一般的な生活や特
　　　定の意志が、第一に私たちにとって積極的な価値をもち、第二に社会的文
　　　脈（social context）において建設的なものであるという公算を高めるため
　　　の過程なのである[24]。

　価値の条件として、個人的に好ましいことに加え、社会的なパースペクティ
ブから見て有用性をもつことが、新たに付け加えられている。これに応じて、
価値づけ過程の遂行の場は個人の経験から、相互主観的に営まれる生活の全体
へ拡張される。この拡張された文脈において、「私」の感情を出発点とする価
値づけ過程は、「私たち」にとって望ましいものを目指して展開する開かれた
活動となる。

　カーシェンバウムの過程論には「Ⅰ　思考」「Ⅱ　感情」「Ⅲ　選択」「Ⅳ　コミュニケート」「Ⅴ　行為」の五条件を読み取ることができる[25]。ラスらの古典的理論と比較した場合、「批判的思考」や「道徳的推論」そして「葛藤の解決」を目指してなされる議論など、もともと情緒主義や自然主義に対する批判者たち——コールバーグを筆頭とする論者たち——によって重視されてきた諸要素が、新たに組み込まれていることが興味深い。したがって、この拡張された過程論は、感情の共有や変容の契機として理知の働きを必要とする限り、方法論に関して道徳性発達理論と必ずしも対立しないはずである。たとえばモラルジレンマ課題が、自分自身の感情に目を向けさせるきっかけや、感情を共有するための手段として用いられうる。

　以上より、理由の探求を協同して行うモラルジレンマ授業は、相互主観的な価値を形成する目的にとって有効だと考えられる。しかし、この取り組みが道徳科の中で完結してしまってはならない。というのも、感情は多様な経験からなる生活全体の中で形成されるものであって、たかだか数時間の授業の中で自覚や共有、変容を見込めるものでは到底ないからである。モラルジレンマ討議を通して各人にもたらされた価値は、絶えず学校生活のさまざまな場面へフィードバックされる必要がある。

　この考えは決して目新しいものではない。1958（昭和33）年の文部省令第25号において、小・中学校の教育課程が「教科」「特別教育活動」「道徳」「学校行事等」の四領域に区分けされて以降、「道徳の時間」は、さまざまな教育活動における道徳的な学びを「補充、深化、統合」する時間という役割を担ってきたのである。道徳性は学校の全教育活動の中で、さらには教育課程外の活動を含めた生活全体の中で、学ばれる。道徳の授業に求められるのは、多様な学びの成果を関連づけ、明確化し、再び子どもたちの生活の指針としてフィー

ドバックしていくことなのである。

　戦後の学校教育が堅持してきた上記の「全面主義」は、本章で紹介した VC
理論と基本的な考えを共有するであろう。危惧されるのは、道徳的な学びが道
徳科という特定の時間の中に制約されてしまうことである。全面主義という従
来の理念を継承、充実させていくことが、始まったばかりの「特別の教科　道
徳」に求められている。

注

（1） 西村正登「価値の明確化論を基盤にした道徳授業の研究」『山口大学教育学部附属
　　 教育実践総合センター研究紀要』第 34 号、2012 年、21 頁。

（2） 同上。

（3） C. R. Rogers, "Toward a Modern Approach to Values: The Valuing Process in the
　　 Mature Person," *Journal of Abnormal and Social Psychology,* Vol. 68, No. 2 (1964):
　　 5.

（4） C. R. Rogers, "A Theory of Therapy, Personality, and Interpersonal
　　 Relationships, as Developed in the Client-centered Framework," *Psychology: A
　　 Study of a Science*, Study1, Vol. 3 (1959): 200.

（5） Ibid., 206.

（6） Rogers, "Toward a Modern Approach to Values," 6.

（7） Ibid., 7.

（8） Rogers, "A Theory of Therapy, Personality, and Interpersonal Relationships,"
　　 210.

（9） L. E. ラス・M. ハーミン・S. B. サイモン（福田弘ほか訳）『道徳教育の革新：教
　　 師のための「価値の明確化」の理論と実践』ぎょうせい、1991 年、11 頁。L. E. Raths,
　　 M. Harmin and S. B. Simon, *Values and Teaching, Working with Values in the
　　 Classroom* (Columbus: Charles E. Merrill Publishing Company, 1966), 9.

（10） 同上、35 頁。Ibid., 26.

（11） 同上。Ibid.

(12) 同上、40 頁。Ibid., 29.

(13) 同上。Ibid.

(14) 同上、36-40 頁。Ibid., 26ff. ラスらが挙げる以下の七つの条件を、ここでは三つの
条件にまとめた。

  Ⅰ　選択すること

  （1）自由に

  （2）選択肢の中から

  （3）各々の選択肢の結果についての十分な考慮の後で

  Ⅱ　尊重すること

  （4）大切に、その選択に幸福感を抱きつつ

  （5）その選択を進んで他の人に対して肯定できるくらいに

  Ⅲ　行為すること

  （6）その選択したことを行うこと

  （7）人生のあるパターンになるまで繰り返し行うこと

(15) ここで念頭に置いているのは、C. L. スティーヴンソンの情緒主義である。Cf. C. L.
Stevenson, *Ethics and Language* (New Haven: Yale University Press, 1944).

(16) 文部科学省『中学校道徳：読み物資料集』廣済堂あかつき、2012 年、16-19 頁。

(17) コールバーグ（内藤俊史ほか訳）「「である」から「べきである」へ」永野重史編『道
徳性の発達と教育　コールバーグ理論の展開』新曜社、1985 年、7 頁。L. Kohlberg,
"From Is to Ought: How to Commit the Naturalistic Fallacy and Get Away with It
in the　Study of Moral Development." in T. Mischel (ed.), *Cognitive Development
and Epistemology* (New York: Academic Press, 1971), 154f.

(18) 同上、8 頁。Ibid., 155.

(19) デイヴィッド・ヒューム『人間本性論　第三巻 道徳について』法政大学出版局、
2012 年、22 頁。

(20) L. E. ラスほか『道徳教育の革新』125 頁。Raths et al., *Values and Teaching,* 86.

(21) S. B. Simon, L. W. Howe and H. Kirschenbaum, *Values Clarification: A
Handbook of Practical Strategies for Teachers and Students* (New York: A & W
Visual Library, 1972), 30-4.

(22) トーマス・リコーナ『リコーナ博士のこころの教育論』慶応大学出版会、1997 年、

256 頁。

(23) アリストテレス（渡辺邦夫・立花幸司訳）『ニコマコス倫理学（上）』光文社、2015
年、第 2 巻第 3 章、112 頁。

(24) H. Kirschenbaum, *Advanced Value Clarification* (La Jolla: University Associates,
1977), 9-10.

(25) B. Chazan, *Contemporary Approaches to Moral Education* (New York: Teachers
College Press, 1985), 48.　チャザンは、カーシェンバウムの過程論を以下の諸条件
にまとめる。

　　I　思考
　　（1）様々なレベルでの思考
　　（2）批判的思考
　　（3）より高いレベルでの道徳的推論
　　（4）発散的、創造的思考
　　II　感じること
　　（1）尊重し、大切にする
　　（2）自分自身のよさを感じる
　　（3）自分の感情に気づく
　　III　選択すること
　　（1）複数の選択肢から
　　（2）結果を考慮すること
　　（3）自由に
　　（4）達成計画を立てる
　　IV　コミュニケートすること
　　（1）はっきりとしたメッセージを送る能力
　　（2）共感‐傾聴すること、他者の参照の枠組みを用いること
　　（3）葛藤の解決
　　V　行為すること
　　（1）繰り返して
　　（2）一貫して
　　（3）私たちが行為する区域内で巧みに行為すること（コンピテンス）

［付記］本章は以下の論文から一部流用した。

梶尾悠史「価値づけ過程モデルに基づく道徳教育の批判と展望─自然と規範の二元論を超えて─」『奈良教育大学紀要』第 69 巻第 1 号、2020 年、63-72 頁。

梶尾悠史「「価値明確化」の道徳教育に関する哲学的考察─ヒューム『人間本性論』第三巻「道徳篇」をてがかりとして─」『奈良教育大学紀要』第 67 巻第 1 号、2018 年、105-115 頁。

梶尾悠史「価値と言語─道徳教育における「価値の明確化」の意義─」『モラリア』第 24 号、2017 年、48-71 頁。

第Ⅳ部
テーマ別研究

第7章　テーマ1：生命倫理

第1節　道徳教育と生命倫理の接点

　前章では、現代の道徳教育における三つの流れを概観した。一つ目は、徳目の教え込みという方法をとるインカルケーションである。本質主義とも称されるこの伝統的な教育方法の根底には、次のような学校観と教育観がある。すなわち、学校には文化遺産や歴史的伝統を次世代に伝達するという社会から委託された任務があるという学校観と、責任ある市民の育成が教育の目的であるという教育観である。

　これに対して、進歩主義と総称される別の大きな流れがあり、この中で、道徳性発達理論と価値明確化理論がいわば二つの支流を形作っているといえる。これらに共通するのは子どもの主体性の尊重という姿勢である。進歩主義によれば、価値は既存のものではなく、むしろ深い内省と対話を通じて、子どもたち自身によって探求、創造されるべきものなのだ。

　さて、現行の「特別の教科　道徳」は、以上で見た動向の中で、どのように位置づけられるだろうか。まず、部分的にせよ、インカルケーションの側面をもっていることは確かである。たとえば、『中学校学習指導要領』を開くと、実に22にわたる内容項目が列挙されており、また、それぞれに付記される「指導の要点」は、いずれもまさに「徳目」の色合いの強いものとなっている。（例：礼儀「礼儀の意義を理解し、時と場に応じた適切な言動をとること」）

　だが、『学指導要領解説　特別の教科　道徳編』に登場する「答えが一つではない道徳的な課題を一人一人の生徒が自分自身の問題と捉え、向き合う「考え

る道徳」、「議論する道徳」へと転換を図る」⑴という文言は、インカルケーショ
ンや徳目主義から距離を置く方針の表れと読めるだろう。また、道徳性が「生
きる力」に深く関わっているという『解説』の指摘は、新しい道徳科が進歩主
義の流れに位置づけられることを傍証する。ここで言われる生きる力とは、「こ
れからの変化の激しい社会において、いかなる場面でも他人と協調しつつ自律
的に社会生活を送っていくために必要となる、人間としての実践的な力」を指
す⑵。このような力を育てるために、教師は現代社会の諸課題を子どもたちに
提示し、そのうえで、合意による解決を目指す民主的対話へと彼ら／彼女らを
促すことになる。したがって、変化する時代の状況に応じて絶えず新しい価値
を作り出すよう子どもに働きかける点で、「特別の教科　道徳」はまぎれもなく
進歩主義の側面をあわせもつのである。

　また、2014（平成 26）年の中央教育審議会答申において「情報モラルや生
命倫理などの現代的課題の扱いを充実する」旨が述べられたことも想起すべき
である⑶。このような流れを踏まえて、中学校「特別の教科　道徳」の教科書で
は、脳死臓器移植や延命治療に関わる諸問題など、医療技術との関りから生じ
るいくつかの倫理的課題が取り扱われるようになった。生命倫理に関わる、こ
のような高度なテーマを中学校段階で扱う背景には、子どもたちが生きる現代
に特有の状況がある。医療技術の進歩は生命に関する価値観の変容を引き起こ
し、そのことが「命の選択」という道徳的アポリアを生み出している。こうし
たアポリアに直面したとき最善の行為選択ができるよう、前もって考えるスキ
ルを磨くことには実際的な意義があるのだ。

　しかし、人間の生死をめぐる豊かな問題を、選択という単純な枠組みの課題
に落とし込むことに、筆者自身はやや違和感を覚える。というのも、道徳科が
生命を取り扱う本来のねらいは、むしろ行為選択の背後に働く価値観そのもの

の形成にあると考えるからだ。つまり「生命に対する畏敬の念」を堅固な感情として根づかせること、そして適切な感情に基づいて行為できる性格的徳を陶冶することが何よりも重要である。生命倫理教育は道徳の一環でなされる限り、このような目的をもつ広い意味での〈いのちの倫理〉の一分野と位置づけられるべきである。以上の問題意識から、道徳科における生命倫理教育の意義と課題を明らかにすることが本章の目的である。

第2節　生命倫理教育の意義

　生命を対象とする医療技術の進歩は、生命への視座の質的な変容を不可避的にもたらす。従来、生と死は、人生という一人称的経験の過程からその意味を汲み、同時に、私の生と他者たちの生とが共時的・通時的に折り合わさって形成される文化から、多様な意味規定を得ていたであろう。死生観は、まずもって自身や身近な家族をめぐって出来する生老病死の経験から生い立つものであって、その意味では、あくまでも個人的な表象だといえる。とはいえ、そこには一定の類型が認められるにちがいない。というのも、個人の経験の流れは一定の様式と内容をもち、これらは当人が産み落とされる文化の個別的な現れにほかならないからである。だが、逆に言えば、人々が共に営む生活の成果が文化なのであり、このように、文化と個人の間には部分と全体においてしばしば見出される、ある循環関係が成り立っている。すなわち、各個人は自身の経験の中から生や死の意味を新たに創出すると同時に、その際の理解の枠組みが、他者と共有するエートスによって前もって規定されてもいる。

　それぞれの文化は、生死に向き合う固有の流儀を伝統的に形成してきた。そして、各流儀は、伝統的に培われてきたというまさにその事実ゆえに、その文

化のなかで絶対的な正当性をもつ。この事実は、共同体の慣習（ノモス）を重んじる文化相対主義に説得力を与える。だが、医療技術の一元化によって、生命に対峙する流儀の一元化が帰結し、さらには相対主義の基底にある寛容性が大きく損なわれつつあるのが、現在の私たちを取り巻く状況ではないだろうか。ひとたび文化を超えた「真の」死生観が確立されると、その他の土着の死生観は誤謬や迷信として打ち捨てられる。たとえ、新しい死生観が、生活に足場を持たないという意味でリアリティを欠くものであったとしても、である。医療技術の進歩は一元化という側面をあわせ持つがゆえに、単に死生観の質的変容のみならずその画一化をももたらす。この事象はまた、個人の生活や共同体の文化から死生観を遊離させるという点において、生死の〈意味の空洞化〉とも捉えられる。

　ここで言う〈意味の空洞化〉は、生命を技術によってコントロール可能な対象とみなすことに起因する。こうした見方は、また、生命に対する両義的な態度を引き起こしもする。一方で、私たちは、この見方に基づき、自身の人生において出来する「どう生き、どう死ぬか」の問題に対して、あたかも傍観者のように対処しかねない。極端な場合、専門知をもつ医療者が既成のガイドラインに従って私の生死を決してくれることを望むという、他律的な「決定」を行うかもしれない。他方で、自己の生命を完全にコントロールすることなどできないという当たり前の現実に直面して、私たちは、かえっていっそう「どう生き、どう死ぬか」の問題に苦悩することにもなる。ただし、この苦悩は、自身の生き方／死に方をめぐる実存的な問いかけとして突き詰められることなく、しばしば、既定の選択肢の間の迷いとして扱われてしまうのである。

　いずれにせよ、現代人は、文化の多様性を超えて万人に影響力を及ぼす医療技術を手にした今、「どう生き、どう死ぬか」という、優れて道徳的問題を医

療技術との関わりの中で問わざるをえなくなっている。私見として、生命の対象化という傾向、すなわち、「どう生き、どう死ぬか」という多義的であるがゆえに一つの答えが定まりがたい問いを、具体的な行為の選択を迫る問題へと切り詰めていく傾向に異を唱えたい。たとえば、人は自然の諸現象の中に人間の意志を超えた何かを見て取り、人為の及び難い生命現象に対する畏敬の念を基調として、固有の〈いのちの倫理〉を形作ってきたであろう。生活や文化を背景にもつ〈いのちの倫理〉は、現代医療と結びついた生命倫理を新しく取り込むことはあっても、これによって全面的に廃棄されることはない。

　とはいえ、生死に関わる個人の決定が、否応なしに医療行為という文脈の中で問題にされるのが、現代社会に固有の現実である。だが、だからこそ、客観主義に傾きがちな生命倫理の枠にとらわれない広い視野から、〈いのちの倫理〉を問い直すことが、現代を生きる子どもの教育において求められる。この問い直しは、多様な価値観を認め合う寛容性の徳を養ううえで、とりわけ道徳教育において重要な意義をもつ。

　教育史を振り返れば、1989（平成元）年3月告示の『学習指導要領』あたりから、道徳教育の中に生命倫理が位置づけられ始めたといえる。「第3章　道徳」の「第1　目標」において「人間尊重の精神と生命に対する畏敬の念」が掲げられたことが、この見方の根拠である(4)。ただし、この文言から分かるように、言及される「生命」は、医療技術の対象としての人間の生命に限定されるべきではない。また、さしあたり医療行為という文脈に関わりなく、およそ生きとし生けるものに対する畏敬の念を醸成することが、教育目標として設定されていることが伺われる。つまり、狭義の生命倫理にとらわれない幅広い視野から〈いのちの倫理〉を取り扱う可能性が、旧来の方針においては担保されていたのである。

　この流れは、2015（平成 27）年改訂『学習指導要領』において一つの転換を迎える。その中に、新たに実施される「特別の教科　道徳」に関して、以下の記述が登場する。「科学技術の発展と生命倫理との関係や社会の持続可能な発展などの現代的な課題の取り扱いにも留意し、身近な社会的課題を自分との関係において考え、その解決に向けて取り組もうとする意欲や態度を育てるよう努めること。」⁽⁵⁾このように、道徳科の学習内容として「科学技術の発展と生命倫理との関係」が例示された。また、道徳科の四領域の一つ「主として生命や自然、崇高なものとの関わりに関すること」（D 領域）を、生命倫理との関連の中で学習することが、ここにおいて明確に提案されたのである。

　以上の動向は、「生命の尊厳」という抽象的、多義的な概念を取り扱う際の明確な観点を設定するものとして、肯定的に受け取られるかもしれない。その一方、こうした動向は、生命現象に向き合う視角を、医療技術との関係のもとに置かれる限りでの生命倫理という枠組みに制限する側面をもつ。後で検討するように、このような制限は、客観主義から逸脱する死生観を排除するとともに、生活や文化に根差した固有の死生観について、実存的な視座から語る機会を閉ざすおそれがある。その場合、「どう生き、どう死ぬか」という問いは、一義的な行為選択によって解決すべき「現代的な課題」の一つという以上の意味を持ちえなくなってしまう。こうした趨勢は、命に対する態度の貧困と、寛容性の徳の喪失を帰結しはしないだろうか。

第 3 節　〈いのちの倫理〉の取り扱い

　以下では、中学校「道徳科」における〈いのちの倫理〉の取り扱いが実際どのようになっているのかを、教科書分析を通して明らかにする。「特別の教科

道徳」の教科書は、現在 8 社から刊行されており、各社が発行する教科書の総
数は約 434 万冊にのぼる。全面実施初年度に各教委が採択した占有率を見ると、
上位から、東京書籍（34.8％）、日本文教出版（25.3％）、光村図書出版（16.0％）、
教育出版（10.1％）、学研教育みらい（5.7％）、廣済堂あかつき（5.4％）、学校
図書（2.4％）、日本教科書（0.3％）の順となっている[6]。ここでは、占有率の
高い上位 4 社の教科書に着目し、D 領域のなかでも特に「生命の尊さ」に関わ
る単元として、どのような学習内容が設定されているかを確認する。すると、
〈いのちの倫理〉に関わる道徳科の教材は、内容および目的の違いから大きく
二つの類型に区別されることがわかる（**表 7**）。

表 7　〈いのちの倫理〉に関連する道徳教材

類型	出版社	学年	教材の題名
①	東京書籍	1 年 2 年 3 年	「いのちって何だろう」 「奇跡の一週間」 「あなたはすごい力で生まれてきた」
	日本文教出版	1 年 2 年 3 年	「ゆうへ―生きていてくれてありがとう」 「体験ナースをとおして」 「希望」
	光村図書出版	1 年 2 年 3 年	「捨てられた悲しみ」 「命が生まれるそのときに」 「あの日　生まれた命」
	教育出版	1 年 2 年 3 年	「あなたが　うまれた　ひ」 「たったひとつのたからもの」 「ニワトリ」
②	東京書籍	3 年	「人間の命とは」〔テーマ：延命措置〕
	日本文教出版	3 年	「臓器ドナー」〔テーマ：脳死・臓器移植〕
	光村図書出版	2 年 3 年	「つながる命」〔テーマ：脳死・臓器移植〕 「命の選択」〔テーマ：延命措置〕
	教育出版	3 年	「家族の思いと意思表示カード」〔テーマ：脳死・臓器移植〕

（筆者作成）

　第一に、命をテーマとする物語や記録、エッセイ、詩などを用いて、生命の尊厳を情緒的な水準において深く感得させることをねらいとする教材である（**表 7** の類型①）。このタイプの教材は、学習者に個別の行為選択を迫るわけではなく、より普遍的な視点から「命とは何か」を考えさせたり、生命の誕生の神秘について実感させたりすることに主眼を置く。この種の教材の特色は、一人称の視点からなされるテキストの語りを通して、生や死に関わる個人的体験（出産、死別、看護体験、屠畜実習など）を伝えるという点にある。生徒はそこで語られる一人称の物語を自らの生活のコンテクストに落とし込み、これまでの人生の中に織り込まれた多様な体験を、改めて「生命の尊厳（sanctity of life）」という価値の相のもとに捉えなおす。また、自己の生の全体を他者との相互関係の中で紡がれる一つの物語として再認識すること、さらには、自己の命を共同体や世代を超えた命の連鎖のなかに位置づけつつ、究極的には、生きとし生けるものの総体としての自然との関わりから生命の神聖の根源に迫ることが目指される。

　第二に、現代医療の文脈において生じる具体的なケースを取り上げ、当事者の立場から一定の行為を合理的に選択させることをねらいとする教材である（**表 7** の類型②）。複数の教科書で採用されている事例は、脳死状態になった家族の臓器提供に関する葛藤と、そして、終末期における延命措置をめぐる葛藤である。この種の教材の眼目は、自身の選択がいかなる根拠のもとに正当化されるかを、一人ひとりが考え、相互に検討し合うことに置かれる。

　こうした思考や議論は、「臓器提供に同意すべきだ／すべきでない」「延命措置を行うべきだ／行うべきでない」等、一定の判断を導出するための推論を合理的な手続きとして含む。したがって、前提となる諸々の事実、たとえば医療技術の発展状況や基本的人権の理念、あるいはそれを保障するための社会的な

制度などについての知識を必要とする。実際、この種の教材においては、たとえば臓器移植の実情や、脳死の原因、脳死に固有の徴候、臓器移植法が定めるドナーの要件などに関する説明資料が、問題を考えるための材料として添えられている。また、いくつかの教科書では、他教科との関連を明示するなど、事実の認識に基づいて合理的な判断形成ができるよう工夫がなされている。以上のように、正しい知識に基づいて現代医療に関わる典型的な葛藤状況にどう対処するかを合理的に考えること、あるいは、そうした思考力を身につけることが、道徳科のねらいの一つとなっている。

　教材の二類型に対応して、〈いのちの倫理〉教育の方法についても、以下のように分類が可能である。一つは、生徒個々人の感情に訴えて「生命の尊厳」等の諸価値に迫る授業であり、類型①の教材を用いて効果的に行われうるものである。大谷いづみの分類に従えば、これは一般に「いのちの教育」と呼ばれ、「「生命誕生の神秘とかけがえなさ」を性教育の一環として扱い、生命の一回性の究極の形として「死」を扱う」(7)。また、その際、死生学（thanatology）をバックボーンとして、死と死にゆくことを見つめる取り組みが広く行われている。こうした実践は、いのちの教育の下位区分として、特に「死への準備教育（デス・エデュケーション）」とも称される(8)。これらの方法に対して、類型②の教材による狭義の「生命倫理教育（bioethics education）」が、近年、盛んになされるようになった。こちらは生命倫理学を学問的な基盤としながら、方法論としては、コールバーグ派のモラルジレンマ授業（第5章参照）と結びついて展開されてきた。

　以上のように、〈いのちの倫理〉を扱う授業は、現在、大きく二つのアプローチからなされている。ところで、生命倫理との結びつきが深い学習内容が、最終学年において中心的に実施されていることは、注目に値する。社会科（公民

分野）や理科（生物分野）など他教科の知識を前提とするという事情もあるだろうが、いずれにせよ〈いのちの倫理〉が狭義の「生命倫理教育」に収斂する構成になっているように見受けられる。

第4節　生命倫理教育の課題

(1) 体験から生まれる価値の探求

　生命倫理教育は、医療行為の選択を取り扱うため、モラルジレンマ授業と相性が良い。しかし、その相性の良さに、大きな落とし穴があるのではないだろうか。本来、モラルジレンマ討議は、定言命法の理想を志向しながらも、特定の価値内容にコミットすることなく、多様な価値に向けて開かれた状態で行われるべきである。ところが、医療の葛藤を題材にとるとき、「自律尊重の原則」など生命倫理学の分野で主流をなす思想が、望ましい価値として先取りされる恐れがある。具体的に教科書教材を見ながら確認しよう。「命の選択」（光村）という教材は、祖父の延命措置をめぐる「僕」の葛藤を描いている[9]。祖父の意向に反して延命措置を行ったことの賛否が、中立的に問われているように見える。しかし、物語で描かれるいくつかの情景は、祖父の決定を蔑ろにしたことに対する悔恨の念を髣髴させており、図らずも、特定の価値観を共有するよう読者を導くように思われる。

　また、この教材に限らず、多くの教材は「脳死状態になった姉の臓器を提供する／しない」（「家族の思いと意思表示カード」（教出））など、医療行為の決定ないし代理決定を迫る内容になっている[10]。その根底には、理性的な存在者として自律的に選択することをよしとする思想がある。つまり、生命倫理教育の従来的なやり方は、多様な価値に開かれつつ、ただ一つ「自律尊重の原則」

を動かし得ない所与として保持しつづける。このように述べるのは、もちろん、この原則を否定するためではない。ただ、典型的な生命倫理教育において、この原則の外にあるパースペクティブが除外されてしまうこと、そのため、そこから眺められる生と死の豊かな内実がことごとく捨象されてしまうこと、これらのことが危惧されるのである。

　生命倫理教育が問題にする選択は、人生の終末期に局在化された、なおかつ、人生というプロセスそれ自体を対象と化す、究極の選択である。そこでは、「どう死ぬか」という問いは、将来においてはじめて現実のものとなる「死に方」の問題に置き換えられる。つまり、生命倫理教育は、来るべき究極の選択をよりよく遂行できるための予行演習であり、「転ばぬ先の杖」という役割を担うであろう。

　上記の問題設定は、たしかに〈いのちの倫理〉への一つのアプローチではあるが、しかし、おのれの生の価値を生のただ中にある一人称主観の視点から評価するという、現象学的なアプローチとは別のものである。そして、このアプローチこそが、現在の生命倫理教育に欠けている要素ではないだろうか。生を一個の対象として捉える特殊な視点を獲得する以前に、私は生を遂行する主体として在るのであって、生を客体化する第三者のようにそこから分離されない。主客未分化のこの体験の流れの中で、そのつど関心の対象が顕在化し、ときにはその後の人生の進みゆきに影響する選択肢という相貌をもって現れてきもする。こうして、人生は連続的な選択のプロセスとして主体によって意味づけられ、また、そのプロセス固有の傾向性ないし主体独自の選好が形作られる。その結果、人生は私に対して独特の価値の相貌をもって現れるようになる。人生を覆うこの価値は、自律的に選択されたものではなく、むしろ体験の流れの中から自ずと生成してくるものである。

⑵　多様な生の語りを許容する〈いのちの倫理〉に向けて

　以上のことに留意し、「命の選択」の取り扱いについて考えよう。ある生徒は、QOL や自律尊重など生命倫理学において主流である基本原則や、延命措置が必ずしも患者当人の意思に従ってなされていないこと、治療の見込みのない延命が患者やその家族に精神的な負担を強いる場合があること等の諸事実を考慮し、その結果「延命措置はすべきでない」という結論に至るかもしれない。しかし、その決定がなお何かしらの迷いや否認を伴うのであれば、他ならぬその理由（背景）を自身の経験の中に求めていくよう、教師は促す必要がある。道徳授業において、こうした働きかけこそ、生命倫理の諸課題と個人の生活とを橋渡しするための中心発問に位置づけられるべきである。

　合理的選択と感情的選好との齟齬はそれ自体ごくありふれた状況といえる。特殊な問題があるとすれば、いくつかの倫理原則が絶対的な大義とみなされるとき、そこから帰結する選択肢があたかも全体の声であるかのように絶対視されることである。そして、これによって別の選択が抑圧され、また、その選択に価値を与える生活のバックグラウンドが軽視されるとき、事態はいよいよ深刻なものとなる。いわゆる「滑り坂理論」において危惧されるのは、まさにこうした事態である。だとすれば、この滑りやすい坂に歯止めをかけるためには、結局、私たち一人ひとりが自己の生の全体から紡がれる固有の死生観を尊重していくほかない。と同時に、異なる背景をもった他者の視点に触発される仕方で、自己に対して新しい選択の可能性を開き続けることが肝要である。

　本章では、道徳科における生命倫理教育の意義と課題について考えてきた。〈命の選択〉と呼べる現実の諸問題に対して、よりよい決定を導くための指針を与えることが生命倫理学の一つの目的だといえる。だとすれば、生命倫理学

をバックボーンとする道徳科の取り組みが、この目的を踏襲することは当然で
あろう。だが、道徳授業は、個別の状況への対処の仕方を考えるのみでは不十
分であり、本来、より広い視野、深い視座から「生きる指針」を探求する場で
あるべきだろう。具体的には、「命の選択」と言うときの、その選択の意味を
感情的な選好にまで広げ、あるいはまた「よい選択」と言うときの、そのよさ
の意味を、選択が切り開く生全体との関係から深く理解する必要がある。

　道徳性発達理論が指摘するように、新しい状況を前にして行為の正・不正を
論理的思考によって判定できるようになること、もしくは、そのような能力を
有する合理的な判断主体を育成することが、道徳教育の一つの目的であろう。
しかし、それだけでなく、生活の全体を通してある種の性格を陶冶するきっか
けとなることが、道徳教育の本質的な役割だと考える。そのためには、状況か
ら触発される自分の感情や、感情の背景にある自己の生を見つめ直す取り組み
が、重要な意味をもつ。その取り組みの中で、「どう生き、どう死ぬか」が実
存的な問いへと高められるのである。

　生命の取り扱いが画一化されつつある今、学校教育においては、生命にかか
わる個人の体験を尊重し、生活感情に即応した多様な生の語りを許容する、そ
のような〈いのちの倫理〉が求められているのではないだろうか。

注

(1) 文部科学省『中学校学習指導要領解説　特別の教科　道徳編』教育出版、2018 年、
　　2 頁。
(2) 平成 8 年中央教育審議会答申「21 世紀を展望した我が国の教育の在り方について」。
(3) 本書、第 4 章 56-57 頁参照。
(4) 文部省『中学校学習指導要領』大蔵省印刷局、1989 年、117 頁。
(5) 文部科学省『中学校学習指導要領』東山書房、2018 年、157 頁。

（6）『日本教育新聞』2019 年 3 月 18 日。

（7）大谷いづみ「生と死の語り方—「生と死の教育」を組み替えるために」川本隆史編
　　『ケアの社会倫理学：医療・看護・介護・教育をつなぐ』有斐閣、2005 年、334 頁。

（8）同上。

（9）杉中康平・田沼茂紀ほか『中学道徳 3　きみが いちばん ひかるとき』光村図書、
　　2019 年、138-142 頁。

（10）林泰成・貝塚茂樹・柳沼良太ほか『中学道徳 3　とびだそう未来へ』教育出版、2019
　　年、126-127 頁。

　［付記］本章は以下の論文から一部流用した。

　梶尾悠史「生命倫理教育の現状と課題—中学校「特別の教科 道徳」との関係から—」
　　『奈良教育大学紀要』第 70 巻第 1 号、2021 年、93-102 頁。

第8章　テーマ2：情報モラル

　この章では、道徳科における情報モラル教育の取り扱いについて見ていく。情報モラルは、生命倫理と並んで道徳科で取り扱うことが推奨されるテーマの一つである。では、なぜ情報モラル教育が必要なのか。また、どのような方法で取り扱うのが望ましいのか。

第1節　情報教育の拡充

　1990 年代以降、情報通信技術が急速に発展し、その結果、情報が物質やエネルギーと同等以上の資源とみなされるようになり、いまや私たちの社会は情報の価値を中心にして機能、発展している。いわゆる「情報社会」の到来である。

　このような社会の動向と連動して、パソコンや携帯電話などの情報機器の利用は、近年、急速に低年齢化している。2020（令和 2）年の内閣府調査によると、インターネット利用率は、小学生で 86.3%、中学生で 95.1%、高校生で 99.1% となっている[1]。また、同調査によると、11 歳から 12 歳にかけてスマートフォンの共用率と専用率が逆転する。年齢別の専用率を見ると、12 歳で 55.7%、13 歳で 78.0%、14 歳で 80.4% と、年齢が上がるにつれて上昇している[2]。中学校 3 年生の在籍年齢に相当する 14 歳から 15 歳にかけて専用率は 10.5 ポイント上昇し、9 割以上の子どもが自分専用のスマートフォンを所有するようになる。以上から、情報社会の一員としてインターネットからさまざまな情

報を手に入れている、児童生徒の実態が伺える。

　青少年が情報社会の一員として適切な仕方で情報を収集、発信できるよう、近年、情報通信技術を活用するための学習活動が学校の教育課程に取り入れられるようになった。遡れば 1986（昭和 61）年、臨時教育審議会第二次答申において、「情報化の弊害の中に埋没しないために、各個人が「情報活用能力」を身に着けることが大切であり、その育成に取り組んでいく必要がある」という旨の指摘がなされている(3)。また、翌年の教育課程審議会答申は、情報活用能力の内容を「情報の理解、選択、処理、創造などに必要な能力及びコンピュータ等の情報手段を活用する能力と態度」と具体的に示し、そして、「社会の情報化に主体的に対応できる基礎的な資質を養う観点から」そうした能力と態度の「育成が図られるよう配慮する」ことに加えて「情報化のもたらす様々な影響についても配慮する」よう提言している(4)。

　これらの答申を受けて、1989（平成元）年に改訂された『学習指導要領』において、中学校技術・家庭科の中で選択領域として「情報基礎」が新設された。また、中学校・高等学校の各教科の指導において、情報に関連する内容を取り入れるとともに情報機器を活用することとされた。

　だが、普通教育における情報教育の体系化が本格的に開始されたのは、やや時代が下って 1996（平成 8）年頃からである。1997（平成 9）年 10 月、「情報化の進展に対応した初等中等教育における情報教育の推進等に関する調査研究協力者会議」の「第一次報告」がとりまとめられた。この報告書は、「様々な情報や情報手段に翻弄されることなく、情報化の進展に主体的に対応できる能力をすべての子どもたちに育成する」ことの重要性を改めて指摘する内容である(5)。また、「これからの高度情報通信社会で生きるすべての子どもたちが備えるべき資質という観点」から「情報活用能力」の範囲を明確にする必要があ

ることを強調してもいる。こうして、情報活用能力の内容が、**表8**の三観点に整理された(6)。

表8　情報活用能力の三観点

情報活用の実践力	課題や目的に応じて情報手段を適切に活用することを含めて、必要な情報を主体的に収集・判断・表現・処理・創造し、受け手の状況などを踏まえて発信・伝達できる能力。
情報の科学的な理解	情報活用の基礎となる情報手段の特性の理解と、情報を適切に扱ったり、自らの情報活用を評価・改善するための基礎的な理論や方法の理解。
情報社会に参画する態度	社会生活の中で情報や情報技術が果たしている役割や及ぼしている影響を理解し、情報モラルの必要性や情報に対する責任について考え、望ましい情報社会の創造に参画しようとする態度。

（筆者作成）

　1998（平成 10）年には小・中学校『学習指導要領』が、そして翌年には高校と盲・聾・養護学校の『学習指導要領』が、以上の見解を反映する内容へと順次改訂された。具体的に見ると、「第 1 章　総則」において、「コンピュータや情報通信ネットワークなどの情報手段」を活用する学習活動を充足する、という内容が盛り込まれている。また、その後、2002（平成 14）年の学習指導要領改訂では、中学校技術・家庭科における選択科目「情報基礎」に代えて、「情報とコンピュータ」が新しく必修化され、さらに高校では必修教科「情報」が新設された。

第 2 節　情報モラル教育の必要性

　以上のように、インターネットの本格的な普及に先立つ早い時期から、情報活用能力の育成ということが言われてきた。ここで注意すべきは、情報活用能力は、単に情報機器を使いこなす技術を意味するのではないということである。こうした技術に加え、受信者と発信者の双方の立場から情報を適切に扱うことのできる資質を身につけることが、情報活用能力の育成において目指される。そして、こうした資質の要になるのが、情報モラルなのである。つまり、情報モラルは情報教育の単なる一部分でなく、むしろ、その習得が情報社会に参画するうえで不可欠であるという理由から、情報教育の中心的な契機とみなされるのだ。

　他者と信頼し合って情報社会に参画するためには、情報モラルの習得が必要不可欠である。情報モラルの欠如は、インターネットを介して他者に危害を加えられたり、逆に、自分が他者の権利を侵害したりする要因にもなる。よく言われるように、情報社会には光と影がある。光とは、インターネットを通じて多様な情報を手に入れられること、ひいては、これらの情報を活かしてさまざまな利益を生み出せる状況である。情報化によって、このような機会がすべての人に対して開かれた。これに対して陰とは、インターネットを介して、個人がさまざまなトラブルに巻き込まれる状況を指す。

　トラブルの具体的な事例については、総務省「インターネットトラブル事例集」で詳しく紹介されている[7]。青少年がネット上で（またはネットをきっかけとして）犯罪に巻き込まれるケースや、他者の人権や知的財産権を侵害する加害者になってしまうケースが後を絶たない。また、いわゆる「学校裏サイト」や SNS などを使った、ネット上のいじめも深刻な問題である。情報モラル教

育のねらいは、これらの危険を子どもたち自身が回避できるよう、いわば自己
防衛の術を身につけさせることだといえる。（もちろん、情報モラルは大人に
とっても必須である。）

　ところで、青少年をネットのトラブルから守るために、これまで法整備によ
る対応がなされてきた。たとえば、2008（平成 20）年に「出会い系サイト規
制法」改正され、これにより、インターネット異性紹介事業者に対して公安委
員会への届出が義務付けられるようになった。同年には、「青少年が安全に安
心してインターネットを利用できる環境の整備等に関する法律（青少年イン
ターネット整備法)」も成立し、2009（平成 21）年 4 月 1 日から施行されてい
る。

　出会い系サイト規制法の改正以降、出会い系サイトを起因とした被害児童は
年々減少している。この事実を見る限り、法整備はそれなりの成果を上げてい
るようである。しかし、最近では「コミュニティサイト」をきっかけとした被
害児童数が大きく数を増やしており、2016（平成 28）年は 1,736 人と過去最
多を更新した。2008 年と比較すると、出会い系サイトでの被害が 3%ほどに激
減したのに対し、コミュニティサイトでの被害は 2.2 倍に増加している[8]。要
するに、この手の事犯の温床が出会い系サイトからコミュニティサイトに移っ
ただけなのかもしれない。

　ネット犯罪を直接取り締まる法整備は、もちろん重要である。だが、それに
加えて、情報教育における「モラル」の要素を充実することが、子どもが自ら
の身を守るべく主体的に考え、行動できるようになるために、必要不可欠であ
る。2007（平成 19）年、文科省が「情報モラル指導モデルカリキュラム」を
公表し、情報活用能力の三観点のうち「情報社会に参画する態度」を整理、拡
充した意図は、おそらくそのあたりにある。これにより情報モラルの指導内容

は、「1．情報社会の倫理」、「2．法の理解と遵守」、「3．安全への知恵」、「4．情報セキュリティ」、「5．公共的なネットワーク社会の構築」の五つに分類、整理された。

第3節　情報モラル教育の授業展開

　2008（平成20）年の学習指導要領改訂では、「第1章　総則」で「情報モラルを身につける学習活動を充実すること」と定められた。ちなみに『学習指導要領解説　道徳編』では、情報モラルが「情報社会で適正な活動を行うための基になる考え方と態度」(9)と定義され、道徳の時間においても指導に留意することとされた。また、その際に「生徒の発達の段階や特性等を考慮し、〔……〕道徳の内容との関連を踏まえて」(10)指導することが、配慮事項として挙げられてもいる。ここで言う「道徳の内容」とは、内容項目を分ける四つの視点、すなわち「主として自分自身に関すること」「主として他の人とのかかわりに関すること」「主として自然や崇高なものとのかかわりに関すること」「主として集団や社会とのかかわりに関すること」のそれぞれを指す。これらの視点と関連させながら情報モラルを指導するわけである。

　以上の方針は現在の「特別の教科　道徳」に踏襲されている。では、道徳科において情報モラルをどう教えればよいのか。具体的な授業展開について検討していこう。ここで取り上げるのは、『中学校道徳：読み物資料集』所収の「言葉の向こうに」という教材である(11)。あらすじは以下のとおりである。

　　主人公はヨーロッパのサッカーチームのA選手のファンで、インターネットでファン仲間との交流を楽しんでいる。あるときA選手を誹謗中

傷する書き込みが続いたことに怒った主人公は、自分もひどい言葉で応
酬して逆に注意されてしまう。その後、母親の何気ない言葉をきっかけ
に、顔の見えないネットでの交流の難しさを痛感するとともに、言葉の
向こうの他者の存在を忘れていたことを反省する。

（「言葉の向こうに」あらすじ）

　インターネット上で見ず知らずの人と意見交流する際、情報の受信者や発信
者にとって、どのような考え方や態度が大切になるのか。主人公の言動からこ
のことを学びたい。しかも、その際、『学習指導要領』に提示される特定の内
容項目を授業の「ねらい」として設定する必要がある。つまり、情報社会のな
かでの具体的活動と関係づけながら、ある一般的な価値について考えさせると
いうわけであり、これはなかなか難しい課題と言えるだろう。

　ところで『資料集』の第２章「活用例」には、各資料の「ねらい」や「展開
例」が掲載されており、これが考えるヒントになりそうだ。見ると「それぞれ
の立場を尊重し、いろいろなものの見方や考え方があることを理解して、寛容
の心をもとうとする道徳的判断力を育てる」(12)と、ねらいが書かれている。こ
のねらいは、『学習指導要領』の内容項目Ｂ-(9)「それぞれの個性や立場を尊
重し、いろいろなものの見方や考え方があることを理解して、寛容の心をもち
謙虚に他に学ぶ」に対応する。どうやら、授業で重点を置く道徳的価値は「相
互理解」「寛容」というあたりになりそうである。

　だが、ここで一つ注意点がある。情報活用との関りから道徳的価値の理解へ
向かっていくという方向だけでなく、加えて、こうして把握された価値に基づ
いて情報活用の実践に向かっていくという、もう一方の流れが、授業で押さえ
られなければならない。そうでなければ、情報モラル教育としては片落ちであ

ろう。たしかに物語の設定はインターネットと深く関わっている。では、その
ような物語を読み、そこから一定の価値を引き出せば、それによって情報モラ
ルを学んだことになるのか。実は、それだけでは不十分である。「違う考えを
認めよう。」「相手の気持ちを思いやろう。」そう述べて授業を締めくくると
き、おそらく生徒もそれに納得するであろう。もちろん、それは身につけさせ
たい重要な価値観ではある。しかし、「寛容」というのは、その大切さを誰も
が頭では分かっているものである。その大切さを再確認することは、無意味と
までは言わないにせよ、いわゆる「生きる力」には繋がらないであろう。ここ
に徳目主義の限界が示されている。

　いったいどう振舞えば、たとえば寛容という価値が実現されるのか。このこ
とを情報社会というコンテクストの中で実践的に考える取り組みがなければ、
本当の情報モラル教育とはいえない。ここで提案するのは、クリティカル・シ
ンキングを授業に導入することだ。一般にクリティカル・シンキングとは、与
えられた情報を慎重に吟味して、正しいものと誤ったものを取捨選択する作業
のことをいう。しかし、ここではもう少し言葉の意味を広くとり、上の作業に
加えて、「情報を受け取る際の自分自身の考え方や態度を検討する作業」も含
めて考えたい。つまり、情報の受け手や送り手としての自己に対する反省的な
吟味もまた、クリティカル・シンキングの本質的な契機であると考える。こう
した作業を通して、初めて、情報社会においてどう行動するのが正しいのかが、
寛容などの価値との関りから検討されるようになるのである。

　再び『資料集』第2章「活用例」で、「言葉の向こうに」の展開例を確認し
てみよう。そこには発問例として、「必死で反論する私の言葉がだんだんエス
カレートするのはなぜだろう」[13]という問いが挙げられている。これは主人公
への感情移入を促す発問であり、これに答える中で、自分自身の中にある排他

性に気づくとともに、そのような性向を乗り越えることの大切さが自ずと実感される。このようにして寛容性が認識される。たしかに、これにより道徳授業として一定の目的が達成されるといえる。しかし、情報モラルを目指すのであれば、ここからさらに一歩踏み込んだ問いが必要である。それは、情報に関わる際の自身の態度を見つめ直し、寛容性に適った態度への変容を促すような問いかけであろう。たとえば、「お互いに分かり合うために、どうすればよいか」や「言葉の攻撃的な応酬とは違う仕方で、どのように話し合えばよいか」などの発問が有効である。

　このような一歩踏み込んだ問いかけを通して、情報に関わる際の実践的なマナーが見えてくる。情報モラルとは、情報社会の中を他者と協同して生きるためのマナーであり、そして、その中核にあるのがクリティカル・シンキングである。クリティカル・シンキングは、情報の送受信者としての自己を含め、情報社会を構成する諸契機の適切性を吟味する作業である。その際、もしも自身の態度に何か不適切な部分が見つかれば、当然、より適切な状態へと修正する責任がその人の中で生じる。この責任を果たしていくことが情報モラルにほかならない。

第4節　情報モラルとクリティカル・シンキング

(1) クリティカル・シンキングとは

　現代の時代状況は「post-truth（脱・真実）」と言われる。これは、英国オックスフォード英語辞典が「2016 the Word of the Year」に選出してから広まった言葉で、世論形成において客観的な事実より虚偽のニュースのほうが強い影響力をもつ状況を意味する。このように真偽の境界線が曖昧な情報社会におい

て、クリティカル・シンキングは、情報モラルの要となる、現代人にとって必須の素養であると考える。

　クリティカル・シンキングは、直訳すれば「批判的思考」になる。「批判」と聞くと、誰かの落ち度や欠点を非難することをイメージする人が多いかもしれない。しかし、ここで言う批判は、もっと中立的な意味で、「吟味」や「検討」と言い換えられる。また、クリティカル・シンキングとは、狭義には、情報をよく吟味して、正しいものとそうでないものとを取捨選択する作業のことである。この作業を行うことは、情報社会を生きる上で、きわめて重要なマナーであると言える。というのも、これを怠ることによって、ともすると悪質な流言やデマを信じ込んだり、あるいは、そうした不確かな情報を拡散したりすることにもなるからである。

　私たちは日々、多様なメディアを通して大量の情報を入手している。多くの場合、情報は文（sentence）によって与えられる。また、一つの文は他の数多くの文から成る文脈（context）の中に位置づけられ、この文脈とともに理解される。一つの情報が断片的に与えられるのではなく、それを取り巻く文脈に支えられて与えられるということが、情報の正しさを吟味するうえで決定的に重要である。というのも、文脈こそが、情報の正しさを裏づける根拠となるからである。つまり、ある情報は論理的に導出された主張なのであり、そして、この情報を取り巻くいくつかの情報が、主張を導出する際の根拠として機能している。したがって、情報の理解は、本来、いくつかの根拠から一つの主張を論理的に導出することによって成り立つはずである。また、情報を吟味するということは、文脈の全体を一個の論証としてとらえ、それが妥当な論証となっているかどうかを吟味することにほかならない。

(2) クリティカル・シンキングの実際の手続き

　以下では、クリティカル・シンキングという活動において具体的に何をするのかを見てゆく。本書はこれまで、おもに教育方法を中心に論じてきたので、このような展開に少し違和感を覚えるかもしれない。だがクリティカル・シンキングは情報社会を生きる上での基本的な態度であるという考えから、ここでは敢えて、その実際の手続きを解説したい(14)。これは情報モラルの一環として、道徳科において是非とも取り上げたい内容だと考える。

　上で述べたように、クリティカル・シンキングは論証の妥当性を吟味することである。そして、このことはおもに二つの観点からなされる。一つは、それぞれの根拠が事実を正しく述べているかどうかという観点である。これはファクトチェック（事実の検証）によって確かめられる。もう一つは、導出が妥当な仕方でなされているかどうかという観点であり、こちらは論理学に基づいて検討される。一つ具体例を挙げて考えよう。

　【主張】「今月は白菜の価格が高騰するだろう。」

　この情報があなたの耳に届いたとしよう。おそらく、この情報は他の付帯的情報を伴っているはずである。たとえば、以下のようなものだ。

　【根拠】「白菜の産地で日照不足が続いている。」

　最初に、この【根拠】に関して、正しい事実を伝えているかどうかを確かめる必要がある。そのためには、最近の気象データを調べてみる、気象の専門家に問い合わせてみる、などの方法が考えられる。これにより、まずは【根拠】

の正しさが確かめられたとしよう。

　次に二つ目の観点から、導出の妥当性を検討する。導出の手続きには、大きく帰納と演繹がある。帰納というのは、いくつかの根拠となる事例から新しい情報を導くことである。これに対して、演繹とは、前提の中に含意されている情報を明示化することをいう。それぞれの例を以下に挙げる。

帰納

カラス$_1$は黒かった。（前提①）
カラス$_2$は黒かった。（前提②）
カラス$_3$は黒かった。（前提③）
⋮
カラス$_n$は黒いだろう。（結論）

演繹

人間はみんな死ぬ。　　（前提①）
ソクラテスは人間だ。（前提②）
ソクラテスは死ぬ。　　（結論）

　帰納は、上のように未見の事柄についての予測を導出することもあれば、「すべてのカラスは黒い」のような一般法則を導出することもある。いずれにせよ、帰納には論理の飛躍があり、蓋然的な情報しか得られない。というのも、カラス$_n$が黒くない可能性は排除できないからである。もしかすると次に出会うカラスは白いかもしれない。とはいえ、根拠となるサンプルの数を増やすことによって、かなりの程度まで確実性を高めることができる。その場合、帰納による論証は妥当と評価される。

　演繹が少しわかりにくいかもしれない。ベン図を書けばわかるように、「人間は死ぬ（人間の集合は死ぬものの集合に含まれる）」という前提①と、「ソクラテスは人間だ（ソクラテスは人間の集合に含まれる）」という前提②を考え合わせれば、当然、「ソクラテスは死ぬ（ソクラテスは死ぬものの集合に含ま

れる）」という主張が出てくる。つまり、二つの根拠の中に結論となる情報が既に含意されており、演繹では、暗に示唆されたこの情報を結論として改めて明示化するのである。実際、二つの根拠を正しいと認めながら、結論を否定することは不合理である。その意味で、演繹による論証は絶対に確実なのだ。

　さて、「今月は白菜の価格が高騰するだろう」という例に戻ろう。果たして、先の【根拠】から件の【主張】は導出されるだろうか。これについて、帰納と演繹それぞれの仕方で論証を再構成することができる。まず、帰納を用いると以下のようになる。

　【根拠】白菜の産地で日照不足が続いている。（前提）

　【根拠】日照不足のときは野菜価格が高騰してきた。（暗黙の前提）
　――――――――――――――――――――――――――――――――
　【主張】今月は白菜の価格が高騰するだろう。（結論）

次に演繹に当てはめればこうなる。

　【根拠】白菜の産地で日照不足が続いている。（前提）

　【根拠】日照不足は野菜価格の高騰を引き起こす。（暗黙の前提）
　――――――――――――――――――――――――――――――――
　【主張】今月は白菜の価格が高騰するだろう。（結論）

　どうだろうか。おそらく、どちらも妥当な仕方で主張を導出していると評価できるだろう。こうして、受信者は根拠と導出の二つを検討した結果、確信をもって正しい情報を受け入れることができるのである。

　ここで、改めてクリティカル・シンキングの手順を整理しておく。

STEP1: 主要な主張とその根拠となる諸前提を論証の形に整理する。
STEP2: 根拠となる前提が事実に適合しているかどうかを吟味する。
STEP3: 根拠から主張が妥当な仕方で導出されているかを吟味する。

　まず STEP1 で、与えられた情報の全体を「根拠―導出→主張」という論証の形式に当てはめて整理する。このような構造化ができない断片的情報は、まさに受け入れる根拠がないわけだから、そもそも吟味の俎上にすらのぼらない。その次に STEP2、STEP3 と順番に検証を進め、仮にどちらかで疑義が生じれば、情報の信憑性についていったん判断を保留するのが得策だろう。また、いずれの段階でも問題が見つからなければ、そのときは安心して情報を受け入れればよいのである。

(3) クリティカル・シンキングの基本態度

　私たちは、しばしば誤った論証を行ったり受け入れたりしてしまう。たとえば、次の論証はどうだろう。

論証 1

健康と幸福は相関する。（前提）
A 氏は障害を抱える。（前提）
A 氏は不幸な人だ。（結論）

論証 2

私が知る女性に理系はいない。（前提）
女性は理系分野に向いていない。（結論）

　論証 1 は演繹の形をとっているように見える。また、論証 2 は一応、帰納だと言えなくもない。だが、実は両方とも誤った論証である。それぞれの論証のどこがおかしいかは、上の手続きによって各自で確かめてほしい。むしろここで考えたいのは、どうしてこのような誤った論証を行ってしまうのか、また、

少し考えればおかしいと気づけるこの種の論証をなぜ受け入れてしまうのか、という問題である。

　おそらく、私たちの中にある何らかの偏見が、論理的思考を歪める主要な原因であろう。それは、たとえば、障害者は不幸な存在だという先入観であったり、あるいは、女性は理系的思考に弱いという根拠のない思い込みであったりする。知識を獲得する方法として帰納を推奨したのは F・ベーコン（1561-1626）だったが、彼は、さまざまな偏見（イドラ）が知識習得の妨げになることを指摘してもいた。正しい知識を手に入れるには、第一に、偏見に惑わされないことが大切だというわけだ。ちなみにベーコンは四つの偏見（種族のイドラ、洞窟のイドラ、市場のイドラ、劇場のイドラ）を挙げているが、ここでは情報社会において私たちが陥りがちな三つの偏見を取り上げる。

　（1）権威からの議論。これは、ある主張をする根拠として、「〇〇さんが言ったから」のように権威ある人の発言を引用することである。引用じたいは論文などで広く用いられる正当なやり方である。しかし、「権威者が言うことは絶対に正しい」という思い込みは、ともするとデマや流言に騙される原因になる。とくに悪意のある情報発信者は、権威に服しがちな人間の心理傾向をよく熟知し、このような心理を逆手にとってデマの拡散を画策するから注意が必要である。一つ例を挙げよう。

2011/03/12 12:12:32
厚生労働省から病院関係者にメールが来ました！
　お近くの方に、転送お願いします。千葉県及び近隣圏に在住の方。コスモ石油の爆発により有害物質が雲などに付着し、雨等と一緒に降るので万一に備え、外出の際は傘かカッパ等を持ち歩き、身体が雨に接触しないようにしてください。

東日本大震災の直後に広く出回ったチェーンメールである。実はまったく根も葉もないデマなのだが、当時メールを受け取った多くの人がこれを信じ、拡散させてしまった。人々がこれを鵜呑みにした原因の一つは、文面通り、厚生労働省ないし国家という「権威」が情報の発信元であると信じ込んでしまったことである。だが、そのこと自体が出鱈目だったのだ。このようなデマに惑わされないために、受け手は自分自身で情報の内容を冷静に吟味する必要がある。また、冷静な判断ができるよう、権威に服しがちな自身の心理傾向をよく自覚しておくことが大切である。

（２）対人論法。これは（１）と反対に、「○○さんが言っているから」という理由で、その人の発言は間違いだと決めつけることである。この決めつけの背後には、「○○さんのような酷い人の言うことが正しいわけない」という思い込みがある。このような先入観も、私たちの認知を歪める要因になる。いずれにせよ大切なことは、「誰がそれを言ったか」ではなく「何が言われているか」に注意を向ける態度である。

（３）案山子論法。これは、相手の言うことを意地悪に解釈し、筋の通らない論証に歪曲して理解したり、間違った主張を勝手に読み込んだりすることである。「二十歳を過ぎたらお酒を飲める」という人に対して「酒を飲めない人だっているだろう」と応じる類である。相手を案山子のような愚か者と見下す気持ちが、このような曲解を生み出すのであろう。もちろん、発信者の説明不足や曖昧な言葉づかいが、このような誤解を生む場合もある。だが、揚げ足取りは情報社会において不毛な対立を生むばかりだ。情報の受け手は、相手の真意をくみ取るよう努力し、必要に応じて相手の発言をできるだけ筋の通った形に組み立て直すべきである。この原則を「思いやりの原理（principle of charity）と言う。

　おそらく、私たちはこれらの偏見から完全に逃れることなどできないだろう。だからこそ、正しい情報を得ようとするならば、自分自身の態度に批判の目を向ける必要がある。というのも、自身の態度を反省し、偏りを正すことによって、初めて情報じたいを適切な方法で検討できるようになるからである。したがって、クリティカル・シンキングは情報の吟味であると同時に、つねに自己の吟味を含んでいる。

　偏りを正すとは、言い換えれば、疑うべきは疑い、信じるべきは信じるという中庸の態度を模索するということである。相手の真意を邪推することも、権威の言うことを盲信することも、いずれもよく生きるための本当の知恵には結びつかいない。アリストテレスは邪知と愚直の中庸に思慮（φρόνησις；賢明に思考、判断、実践できる能力）があると言った。ひっきょう、クリティカル・シンキングで学ぶべき道徳的価値とはこのような意味での「思慮」にほかならない。そして、それは情報社会との関わりからのみ重要な徳ではない。むしろ、それは他者とともに協同して生きていくための基本的な徳である。情報モラルにおいて探求すべきは、まさにそのような普遍的価値なのである。

注

（1）内閣府「令和元年度　青少年のインターネット利用環境実態調査　調査結果（速報）」、2020年、4頁。https://www8.cao.go.jp/youth/kankyou/internet_torikumi/tyousa/r01/net-jittai/pdf/sokuhou.pdf、2022年12月7日閲覧。

（2）同上、14頁。

（3）臨時教育審議会「教育改革に関する第二次答申」、1986年。

（4）教育課程審議会「教育課程の基準の改善について」、1987年。

（5）情報化の進展に対応した初等中等教育における情報教育の推進等に関する調査研究協力者会議「情報化の進展に対応した教育環境の実現に向けて」、1998年。

（6）同上。

（7）総務省「インターネットトラブル事例集　2022 年版」、https://www.soumu.go.jp/
use_the_internet_wisely/trouble/、2022 年 12 月 7 日閲覧。

（8）学研「データで読み解く、子どもとスマホ」、https://kids.gakken.co.jp/parents/
parenting/watanabe_datechildsmartphone34/、2022 年 12 月 7 日閲覧。

（9）文部科学省『中学校学習指導要領解説　道徳編』日本文教出版、2008 年、102 頁。

(10) 同上。

(11) 文部科学省『中学校道徳：読み物資料集』廣済堂あかつき、2012 年、26-29 頁。

(12) 同上、89 頁。

(13) 同上。

(14) クリティカル・シンキングの意義や実際の方法については、伊勢田哲治『哲学思考
トレーニング』筑摩書房、2005 年を参照。

第Ⅴ部
道徳教育の実践

第9章　道徳科の授業展開と教材

　本書では、ここまで、徳目の教え込みによってなされる従来型の道徳教育に代わるものとして、いくつかの挑戦的な方法論を紹介してきた。価値明確化やモラルジレンマなどがそれである。また、より実践的に「生きる力」を涵養するテーマとして、生命倫理や情報モラルなど現代社会に固有の諸課題を取り上げた。

　だが、年間の指導を通して、こうした挑戦的・実践的な授業を行う機会は、おそらくそれほど多くないであろう。むしろ、このようなハードな内容を必要以上に多く組み込むことは、学習者に過剰な負担を強いることにもなる。また、年間を通して迫りたい重点的価値がかえってぼやけてしまい、学習効果の面でも、意図に反して裏目に出るかもしれない。

　したがって、実際になされる授業の大半は、きまった道徳的価値をねらいとして見定め、この一つの価値に向かって収斂してゆくような、ある意味、予定調和的なものになるだろう。筆者は、それでよいと考える。徳目重視の伝統的なやり方は、それ自体、否定されるべきではない。要は、教え込み一辺倒にならないよう、年間指導計画の全体の中で、伝統的方法と挑戦的方法とをバランスよく配置することである。

　この章では、標準的な授業の組み立て方について紹介する。また、多様な資料（道徳教材）の活用など、一定の型を踏まえてなされる授業が、なおかつ画一的なものにならないための工夫についても見ていく。

第1節　標準的な授業展開

『中学校道徳：読み物資料集』所収の「違うんだよ、健司」[1]をもとにして、授業の展開を考えてみよう。第6章でも取り上げた資料だが、以下に概要を再掲する。

> 僕のクラスに転校してきた健司は、耕平の言動に同調してばかりいる僕に「そんなのが友達と言えるか」と言う。ある日、生活が乱れがちになった耕平を心配して、健司は三人で親戚の家に遊びに行こうと誘う。そこで出会った健司の祖母とその友達の会話や様子を見て、三人は、友達とは本来どうあるべきかを知る。（「違うんだよ、健司」あらすじ）

『読み物資料集』第2章「活用例」では、この資料について「友情の尊さを理解し、友達を心から信頼して互いに励まし合い高め合おうとする道徳的実践意欲を育てる」というねらいが示されている[2]。これは、『学習指導要領』の内容項目 B-(8)「友情の尊さを理解して心から信頼できる友達をもち、互いに励まし合い、高め合う」に対応する。したがって、「友情、信頼」が本時で学びたい中心的な価値になると考えられる。

だが、この活用例に縛られる必要はない。資料から読み取れる道徳的価値を、指導者が自由に設定しても構わないのである。たとえば、一連の出来事を通して登場人物は、真の友人として自分自身どのような態度をもって他者と関わるべきか、真剣に考えるようになった。資料の内容をこのように捉え、A領域（主として自分自身に関すること）に引き寄せて扱うことは十分に可能であろう。

いずれにせよ、伝統的なやり方では、ねらいがぶれないよう中心価値を一つに絞るようにするのが一般的である。そこで、以下では「友情」を中心価値に据え、最もオーソドックスな学習過程を見てゆく。

（1）導入

　導入では、本時で取り扱う価値にできるだけ自然な仕方で注意が向けられるよう、教師の側から発問や話題提供を行う。学習者はこれまでの経験の中から「友情」について何かしらのイメージを形成しているはずだ。そこで、これまでの友達関係を振り返り、自分にとっての友情の意味を見つめ直すよう促すわけである。そのために、「「友情」という言葉にどんなイメージをもちますか？」とか「あなたにとって友達という存在のよいところ、いやなところは何ですか？」などの問いかけを行う。あるいは、友情について事前にアンケートを実施し、結果をグラフなどで視覚的に示すのも効果的かもしれない。

　どのような方法をとるにせよ、ここで教師は決まった考え方を提示してはならない。というのも、導入の目的は、友情について考えを深めるための出発点へ学習者を誘うことだからである。第6章を踏まえて言えば、学習者は本時の全体を通して「価値の明確化」を行っていくのであり、そして、その足掛かりとして「価値の指標（生活に根差した感情等）」を各人に自覚させることが導入の目的なのである。

（2）展開

　展開では、自覚された感情等をもとに、そこから一つの価値を形成することが目指される。そのためには、登場人物への共感を促す発問をいかに効果的に行うかが重要になってくる。以下に展開部の標準的な流れを示す。

　最初に教師が資料を範読する。その後、場面ごとに区切って主人公の心情を問う。そのようにして徐々に物語の世界へと誘いながら、友情とは何か、友情に基づいた行動とはどのようなものか、主人公の視点から考えられるよう導く。その際、意見の交流を促すための補助教材として、**表9**のようなワークシートを活用するとよい。

表9　ワークシート

> 質問1　場面1を読んで考えましょう。
>
> 　　　　健司に「そんなのが友達と言えるか。」と言われた僕は、どう思っ
> 　　　　ただろう。
>
> 　　　　（　　　　　　　　　　　　　　　　　　　　　　　　　　　　　　）
>
> 質問2　場面2を読んで考えましょう。
>
> 　　　　「いや、ちょっとな。」と耕平に言われた僕は、どうしてそれ以上
> 　　　　聞かなかったのだろう。
>
> 　　　　（　　　　　　　　　　　　　　　　　　　　　　　　　　　　　　）
>
> 質問3　場面3を読んで考えましょう。
>
> 　　　　夏の大三角を見ながら僕はどんなことを思っているだろう。
>
> 　　　　（　　　　　　　　　　　　　　　　　　　　　　　　　　　　　　）

（筆者作成）

　上の発問例において、最初の二つの発問と最後の発問は、異なる意図からな
されている。つまり、質問1と質問2は補助発問であり、他方、質問3が本時
のねらいに直結する主発問である。補助発問の意図は、主人公の視点を通して
自分の考えを再確認させることにある。生徒は主人公に感情移入しながら、「も
し自分が登場人物の立場ならば」という反実仮想のもとで、行為選択や態度決
定を行うことになる。そのようにして引き出される答えは、作中人物の視点に
定位しながら、しかし同時に自身の経験を基に判断するという、二重の基準か
ら下されたものである。その答えの中には、これまでの経験から培われた自分
固有の見方がおのずと反映されるはずである。それゆえ、補助発問の目的は、
あくまでも現実の生活というコンテクストの中で、友達関係にかかわる自身の
感じ方や行動傾向を再確認させることにある。

　これに対して主発問では、生徒はいったん自身の経験を離れ、物語世界に

いっそう深く入り込んで考えることが求められる。この問いかけに思いを巡らせるとき、学習者は「もし自分が登場人物の立場ならば」という仕方で自己の価値観を登場人物に投影するのではない。むしろ、登場人物の置かれた状況を理解・共有し、当該状況における登場人物の考えや気持ちに共感（empathy）してゆくのである。このようにして生徒は新しいものの見方や感じ方に触れ、ひいては、既存の価値観を見つめ直すようおのずと促されることにもなる。

　その際、各人が生活というコンテクストのなかで培ってきた、その人固有の見方や感じ方を否定してはならない。むしろ教師にとって大切なのは、物語という別のコンテクストとの出会いを生徒に提供し、その中で、一人ひとりが自分の価値観を大切にしながら、なおかつ、共感を通じてそれをより豊かなものにしていけるよう援助することである。このようにして、価値の押しつけとは違った仕方で、価値観の変容が学習者のなかで起こる。

（3）終末

　価値観の変容につなげるためには、再び物語の世界から経験の世界に立ち返る必要がある。そのため、資料と経験を橋渡しすることが終末の目的となる。具体的には、学びとられた価値を今後の生活の指針としていけるよう、さまざまな方法での働きかけがなされる。たとえば、教師による説話である。友情の意義について、ときに経験談なども交えながら話して聞かせ、これによって授業を締めくくるというやり方である。また、日常生活の振り返りということも授業の終末で広く行われる。この場合、「僕と同じような場面に遭遇したとき、どのように行動してきたか？」「今後はどのように行動したいか？」など、日常生活を振り返る問いを投げかけて授業を閉じることになる。

　以上、最も標準的な授業の展開について見てきた。このような伝統的方法には、メリットとデメリットがあるだろう。メリットとしては、型が決まってい

るだけに、誰でも比較的容易に取り組めるということがある。また、物語を共感的に読んでいけば、自然と道徳的価値の自覚にたどり着けるという利点もある。他方、デメリットとして次のことが指摘される。それは、物語世界のなかで通用する価値観が、学習者の現実の生活に結びつかない恐れがあるということだ。これは、資料の読み取りによって、果たして他者への深い共感が実現しうるのか、という問題でもある。道徳授業が読解力に基づく心情の「推測」の域を出ないとすれば、そこで学ばれる価値が子どもの生活に根差していくことは難しいであろう。

第 2 節　道徳における資料の意義

　道徳の授業を効果的に進めるうえで、学習指導で用いる教材の工夫は欠かせない。ところで、道徳科における教材の位置づけは、他の教科と比べて特殊である。つまり、学習内容の提示を目的として作成される他教科の教材と異なり、道徳科における教材は、学習者と道徳的価値とを結びつけるための手段という性格が強い。別の言い方をすれば、道徳科の教材に求められるのは、ある価値について深く考えるための「きっかけ」という役割である。

　したがって、道徳の資料においては、各単元のねらいとなる内容項目がそのままの形で述べられることは稀である。特に道徳科の教材が「資料（material）」と呼ばれるのは、そのような理由からである。資料じたいは、ねらいとする価値を明示的に語るものではなく、むしろ価値が付与されるのを待ち受ける存在として、素材（material）にほかならない。であれば、資料は必ずしもテキストの形式をとっていなくてもよいことになる。その通りであり、理屈の上では、身の回りの具体物のすべてが資料として利用されうるのである。

　当然、そのような資料を漫然と眺めたところで、学ぶべき道徳的価値が身につくわけではない。逆に、どの価値を教えたいのかが明示されているようなものは、むしろ、不出来な教材であると言わざるをえない。仮にそのような教材があるとすれば、それは〈価値の強制〉を意図したものに違いない。だが、こうした意図は、しばしば〈価値の拒絶〉を招く結果になるだろう。

　優れた資料は、学習者をして進んで価値の探求と受容に赴かせるものでなければならない。それはまた、ごく自然に見る者を価値の解釈に向かうよう促し、その結果、価値の発見と内在化をもたらすものであるはずだ。たとえば、ある人は美しく手入れされた花壇を見て、思いやりという価値を見出すかもしれない。その人は花壇という対象物に思いやりという価値を付与すると同時に、この価値を、さまざまな事象を捉える際の認識の枠組みとして内面化する。こうして、世界をある価値の相のもとに把握する能力が獲得される。このことは、道徳性の発達にとって大きな意味をもつであろう。

第3節　資料の類型

　上述のように道徳科の資料は、学習者と道徳的価値とを結びつける媒体である。極論を言えば、このように機能するものであれば、身の回りのあらゆる事象が資料として利用できる。少なくとも、検定教科書の使用に固執することは、授業の可能性を狭める結果となり、決して望ましい姿勢といえないだろう。教師は学習者の身の回りに絶えず目を凝らし、その中から適切な素材を見つけ出すよう努めるべきである。もちろん、生徒の実態などを考慮しながら、既製の「教材」の中から適切なものを探し出すのでもよい。

　とはいえ、何でも利用できると言われると、多くの人はかえって困惑するに

ちがいない。また、身の回りの具体物を無造作に提示したところで、それにより学習者が価値の探求に向かっていくとは考えにくい。学習効果を生み出すために、やはりある程度、教師の側で素材を加工する必要がある。その際、なまの事実から資料を構成する手掛かりとして、いくつかの資料のタイプを押さえておくことが有効であろう。また、これは既製の教材の中から選び出す際の目安にもなる。

　まず伝達形態という点から、道徳の資料は大きく次の二つのタイプに分類される（**表 10**）[3]。

表 10　伝達形態による分類

	具体例
1. 読み物資料	昔話、寓話、逸話、物語、伝記、詩、日記、作文、新聞記事など。
2. 視聴覚資料	テレビ・ラジオ放送、VTR、スライド、映画や TP、絵画、紙芝居、ペープサート、影絵、模型、標本、写真、地図など。

（出典：小寺正一、2016 をもとに筆者作成）

　授業では、教科書に所収の読み物資料を用いるのが一般的である。しかし、学校ごと、学級ごとに取り組むべき道徳の課題は異なるであろう。教科書教材は多様なニーズに必ずしも合致しないという問題がある。そこで、少し視野を広げて、まずは教科書以外の教材の中から探してみるとよい。検定教科書の導入以前は、文部科学省や地方公共団体、出版社等が発行する、「副読本」を使用するのが一般的であった。その中には、優れた教材が数多く含まれているはずだ。こうした過去の蓄積を活用しない手はない。過去に出版された各種の副読本に当たってみて、生徒の実態や実施時期なども考慮しながら、それらに合致する適切な内容の読み物を選出する。そうすることによって、個別のニーズ

に対応した授業が可能となるであろう。

　その他にも、文部科学省が刊行する『読み物資料集』があり、本書でもこれに所収の資料を何編か紹介した。また、同じく文部科学省が作成した教材として『心のノート』がある。

　ところで、従来、道徳授業の教材は読み物が中心であった。おそらく今後もそうであろう。ただし、学校教育における ICT の普及にともない、これまで以上に視聴覚資料を利用する機会が増えると考えられる。出版社の中には、内容項目に対応したビデオソフトを販売している会社もある。また、文部科学省も「道徳教育アーカイブ」（https://doutoku.mext.go.jp/）において映像資料を活用した授業実践例を紹介するなど、読解が中心の従来型授業からの拡張を図っているようである。

　次に、内容面での分類について見る。資料は内容や使用の意図によって、以下の四つの種類に大別される（**表 11**）(4)。

表 11　内容による分類

	内容
1. 実践資料	ある状況での振る舞いを例に、生活習慣の確立や礼儀作法の定着を目指すもの。
2. 知見資料	行動規範を具体的に提示し、その背後にある価値について知識理解を求めるもの。
3. 葛藤資料	登場人物が直面する道徳的葛藤について、学習者に思考・判断させ、道徳性の発達を促すもの。
4. 感動資料	学習者の心情に訴え、感動を引き起こして実践意欲を高めるもの。

（出典：小寺正一、2016 をもとに筆者作成）

　これらについては、実例を見るのが早いだろう。

1. 実践資料

主　題　：マナーを守るということ

ねらい：社会人としてのマナーを知らせることにより、中学生としてのマ

　　　　ナー意識を向上させる。（内容項目：B-(7) 礼儀）

Q. 新聞部員のあなたは校長先生を取材するために、校長室を訪れました。
　 さて、座る場所は全部で5つあります。どの席が一番上座でどの席が一番
　 下座（末席）になるでしょうか。座る場所に順位をつけなさい。

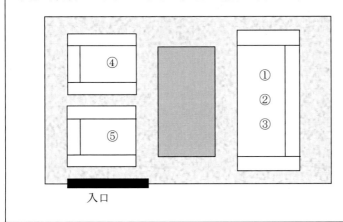

（出典：『とっておきの道徳授業Ⅲ』日本標準（一部改変））[5]

　実践資料の目的は、特定の状況においてどう振る舞うのが公共のマナーとし
て望ましいかを教えることにある。実践資料は個人の思想や信条に踏み込むこ
とがないので、そのぶん気軽に授業に取り入れることができる。また、正解が
一つに決まる点でも扱いやすい。他方、このタイプの教材は、形式的なマナー
に目を向けるにすぎず、道徳的価値に迫ることは難しいであろう。したがって、
実践資料を主たる教材として授業を行うことは考えにくい。導入などで、生徒
の興味を引く仕掛けとして利用するくらいが、ちょうどよいであろう。

2. 知見資料

主　題　：「思いやり」って、なんだろう。

ねらい：自己本位ではなく、相手の立場になって行動する大切さについて考
　　　　える。（内容項目：B-(6) 思いやり）

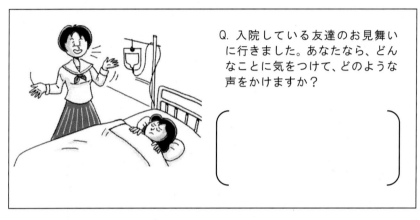

Q. 入院している友達のお見舞い
　に行きました。あなたなら、どん
　なことに気をつけて、どのような
　声をかけますか？

（出典：『心のノート　中学校』をもとに筆者作成）[6]

　　知見資料もまた実践資料と同様、ある状況を設定し、その中でどう行為すべ
きかを考えさせる。しかし知見資料の場合、行為の外形を問題とするにとどま
らず、むしろ行動規範の背後にある価値へ迫っていくことが本来の目的となる。
そのため、行為を動機づける感情や思考など、内面に目を向けさせる発問が必
要となる。

3. 葛藤資料

主　題　：「命を大切にする」とは、どういうことだろう。

ねらい：生命の尊さを理解し、かけがえのない自他の生命を尊重する。（内
　　　　容項目：D-(19) 生命の尊さ）

次の文章を読んで考えましょう。
　日曜日の午後、救急病院から連絡があった。大学生の姉が、交通事故に遭って救急車で運ばれたのだ。不安な思いで両親と一緒に病院に駆けつけると、姉は集中治療室に人工呼吸器をつけられて横になっていた。医師の説明は、次のような内容だった。
・**姉は医師から脳死とされる状態であると判定された。**
・**姉は、臓器提供意思表示カードに、脳死の場合でも自分の臓器を提供する意思があると記入していた。**
　姉の臓器を提供するかどうかを決めるには、私たち家族の承諾が必要なのだそうだ。両親から意見を求められたが、中学生の私には考えがまとまらない。姉が将来、人の役に立てる仕事をしたいと考えていることも知っている。ただ、私は、姉は生きていると思う。

Q1. あなたが「私」の立場であれば、どのような決定をしますか。	
臓器提供を承諾する	臓器提供を承諾しない
Q2. その理由を説明してください。	

（出典：『中学道徳3』教育出版をもとに筆者作成）[7]

　葛藤資料（モラルジレンマ教材）については第5章で詳しく論じたので、ここで改めて説明する必要はないだろう。一つ補足するならば、葛藤を追体験させるものでありさえすれば、どんな内容でもよいというわけではない。道徳教材であるための要件として、単なる葛藤ではなく、まさに道徳的葛藤（モラルジレンマ）を追体験させる内容であることが必要不可欠なのだ。たとえば「昼食にカレーを食べたいし、うどんも食べたい、でもその両方は食べられない」という状況はジレンマと呼んでさしつかえない。しかし、この状況は道徳で扱う問題として、まったく不適格である。ましてや「カレーうどんを食べる」という合理的（？）選択を導くことが、子どもの道徳性発達に何ほどかの影響を

与えるとは到底思えない。というのも、このジレンマは道徳規範どうしの対立をまったく含んでいないからである。

　ここでいう道徳規範とは、世界を価値の相のもとに把握する際の、認識の枠組みである。たとえば上の例では、「生命を尊重すべきだ」と「自己決定権を尊重すべきだ」という二つの認識枠のいずれに準拠して目の前の事実を解釈し、相応しい仕方で対応していくかが問われる。葛藤資料では行為を自律的に選択することが求められるが、単に合理的選択を下すことができればよいわけではない。大切なのは、二つの道徳規範の対立を乗り越えて、それらを統合するより普遍的な道徳規範を自ら打ち立てることであり、そのことによって道徳性の発達が果たされるのである。以上のことを押さえて、適切な葛藤状況を設定するよう心がけたい。

4. 感動資料

主　題　：友情と愛

ねらい：友情の尊さを理解し、真の友情を築こうとする。（内容項目：B-(10) 友情）

『くるみ』Mr. Children
（トレイズファクトリー）

Q1. 主人公のおじさんは電話で何と呼びかけているのでしょうか。

Q2. 八百屋のおじさんは最後まで何を悩んでいたのでしょうか。

Q3. 4人がバンドを再結成できたのはなぜでしょうか。

（出典：『とっておきの道徳授業Ⅲ』日本標準）[8]

　倫理学では「アクラシア（άκρασία）」と呼ばれる道徳問題が古くから論じられてきた。アクラシアとは古代ギリシア語で「自制心のなさ」を意味する。つまり「悪い行為だと自覚しているのに手を染めてしまう心の傾向」である。アクラシアの原義から少し外れるが、善い行為だとわかっているのにできない、というのも本質的にこれと同じ心の傾向であろう。要するに、どちらも意志の弱さなのである。

　「〜を為したい」という意志は「〜を為すのが善いと知っている」ことを前提する。しかし、こうした理解に加えて、その行為への賞賛や憧憬、羨望など、何かしらの是認感情をもたなければ現実の行為には結びつかない。したがって、アクラシアの克服を目指すとき、道徳の授業では、選好（preference）の変容を促すべく各個人の感情に働きかける取り組みが重要になる。この目的にとって有効なのが感動資料である。

　伝達形態との関わりから言えば、受け手の感情によりダイレクトに訴えかけてくる視聴覚資料が効果的に活用されうる。ただし留意点として、映画やドラマを視聴すること自体が授業の中心になってはいけない。5 分間程度で内容を理解でき、かつ深い感動を呼び起こすことができる、適切な質と量の素材を選ぶことが肝要である。上の資料例では、再生時間 6 分弱のミュージック・ビデオが使われている。

第 4 節　資料が具備すべき要件

　『中学校学習指導要領解説　特別の教科 道徳編』では、「道徳科に用いられる教材が具備する要件」として以下の三つが挙げられている[(9)]。

（ア）生徒の発達の段階に即し、ねらいを達成するのにふさわしいものであること。

（イ）人間尊重の精神にかなうものであって、悩みや葛藤等の心の揺れ、人間関係の理解等の課題も含め、生徒が深く考えることができ、人間としてよりよく生きる喜びや勇気を与えられるものであること。

（ウ）多様な見解や考え方のできる事柄を取り扱う場合には、特定の見方や考え方に偏った取扱いがなされていないものであること。

　だが上の要件に加えて、なにより指導者自身が気に入っているもの、感動したものであることが大切である。そうであればこそ、その資料を使って指導しようという意欲が湧いてくるのだ。指導者が資料に魅力を感じなければ、迫力のある活用など望めない。まずは教師が資料を通して道徳的価値に触れ、そのうえで、生徒に同様の価値体験を期待するのである。その意味では、教師もまた価値観の変容に開かれた存在なのであり、そうした自己理解をもって生徒とともに学び続ける姿勢が大切であろう。

注

（1）文部科学省『中学校道徳：読み物資料集』廣済堂あかつき、2012 年、16-19 頁。

（2）同上、87 頁。

（3）資料の分類は小寺の論考に拠る。小寺正一「道徳科の指導」、小寺正一・藤永芳純編『四訂　道徳教育を学ぶ人のために』第 6 章、世界思想社、2016 年、211 頁。

（4）同上、212 頁。

（5）桃崎剛寿編著『中学校編　とっておきの道徳授業Ⅲ』日本標準、2005 年、36 頁。

（6）文部科学省『心のノート　中学校』暁教育図書株式会社、2002 年、42 頁。

（7）林泰成・貝塚茂樹・柳沼良太ほか『中学道徳 3　とびだそう未来へ』教育出版、2019 年、126-127 頁。

（8）桃崎剛寿編著『中学校編　とっておきの道徳授業Ⅲ』147-148 頁。

（9）文部科学省『中学校学習指導要領解説　特別の教科 道徳編』教育出版、2018 年、106-108 頁。

第10章　道徳授業の指導計画

授業は綿密な指導計画に基づいて行われることが望ましい。指導計画には、一年間という長期の時間幅のなかで考えられる「年間指導計画」と、一時間ごとに作成される「学習指導案」の二つがある。本章では、それぞれについて具備すべき要件や作成の際の留意点について確認する。

第1節　年間指導計画

(1) 年間指導計画とは

年間指導計画とは、「道徳科」の学習内容をいくつかの「主題」に分け、1年間というタイムスパンにおいてそれらの主題を配列、構成したものである。ここで主題とは、ひとまとまりの学習内容を意味する。一般に、一つの主題を一時間で扱う場合が多い。以下の**表 12** は、小学校教諭の深澤久が作成した年間指導計画の一部である[1]。(内容項目については、筆者がねらいをもとに推測し、加筆した。)

表 12　年間指導計画

時	主題名	学習活動の概要（○）とねらい（◇）	時期
1	いいところさがし	○他者のいい点を見つけ書く、他者の書いた自分のいい点を読む。 ◇自分の良さに気づきセルフ・エスティームを高めると共に、学級の子どもたちの優しさに触れる。 ・内容項目：B-相互理解・寛容	5月
2	誕生の授業	○人間の誕生のシステムと「数億倍の競争に勝利」して自分が誕生したことを知る。	5月

		◇命を大切にしていこうとする気持ちを持つ。 ・内容項目：D-生命の尊さ	
3	自分にとって 必要なことは	○『心のノート』を使って、今の自分にとって必要なこ 　とは何かを考える。 ◇指針を持って生活していく心構えを育てる。 ・内容項目：A-希望と勇気、努力と強い意志	6 月
4	無罪か？ 有罪か？	○暴行されている人を助けようとして暴力をふるって 　いる人を殺してしまった青年は有罪か、無罪かを考 　え、討論する。 ◇自分の考えをしっかり持ち、発言する。 ・内容項目：C-公正、公平、社会正義	7 月
5	この子どもた ちは悪いか、 悪くないか	○アパルトヘイト下で逮捕された少年たちは「悪いか・ 　悪くないか」を考え、討論する。 ◇法の是非を考える。 ・内容項目：C-公正、公平、社会正義	9 月

（出典：深澤久『道徳授業原論』（一部改変））

このような年間指導計画を事前に作成することによって、一年間を通して系統的、発展的な学習指導を展開することが可能となる。また、年間指導計画は、後で見る学習指導案（主題ごとの学習指導計画書）の拠り所となるものとして重要な役割を果たす。

(2) 年間指導計画作成の際の留意事項

年間指導計画の作成では、各主題をどのような順序で取り扱うかを決め、それぞれに時間を配当していくことになる。小寺正一によれば、その際に踏まえなければならない原則として、重点化と構造化がある[2]。

（ⅰ）重点化

中学校の道徳科にかんして言えば、『学習指導要領』において 22 の内容項目が挙げられている。だが、このすべてを一年間で取り上げることなど到底できない。そこで、学年ごとに重点化する内容項目を選定する必要がある。道徳的価値は相互に関係し合っているものなので、一つの内容項目を中心として、関

連するいくつかの内容項目を挙げることができるだろう。そのようにして緩やかに繋がった諸価値の総体が、その年度で特に力を入れて押さえておきたい重点的価値ということになる。

　通常、一つの領域が重点的価値に対応することが多いが、二つの領域を関係づけながら並行して探求することも可能である。上の深澤の実践例では、「生命の尊さ」との関わりから「公正、公平、社会正義」の意義に迫るよう計画されている。つまり、D領域（主として生命や自然、崇高なものとの関わりに関すること）に片方の軸足を置きながら、主軸としてはC領域（主として集団や社会との関わりに関すること）が追究されており、これなどは並行的な価値探求のよい例であろう。

　年間を通して同じ内容項目ばかりを取り扱うのは、もちろん望ましくない。しかし、価値の絞り込みがある程度なされていないと、一年間の学習は明確なねらいを欠いたまとまりのないものになってしまう。それゆえ重点価値を選定することが重要になる。その際の目安として、当該学年の生徒の実態や道徳性の発達段階に注目することが有効である。たとえば、学年に応じて道徳的配慮の対象を「A．自分自身」→「B．身近な他者」→「C．集団や社会」→「D．生命や自然」と段階的に広げていくことが考えられる。

　（ⅱ）構造化

　選定した各内容項目を具体的な指導内容と関係づけ、核となる道徳的価値が効果的に学べるよう、授業の配列を考える。このとき、ある一つの傾向に偏向しないようバランスよく多様な価値を取り上げるよう留意したい。たとえば主体性ばかりを強調しては、我儘や独りよがりにつながる危険性がある。道徳的価値は一つひとつが独立してあるのではない。一見、方向性を異にする諸価値が相互に支え合い、補い合うことによって、はじめて、一個の人格の道徳性が

十全な仕方で形成されるのである。

　また、各主題の実施時期を考える際、学校内での全教育活動との関連を意識することも大切である。たとえば、運動会は他者と協力することの意義を学ぶよい機会であるが、その実施時期に合わせて関連する内容項目（「友情、信頼」など）を扱うとよいだろう。

第 2 節　年間指導計画の内容と作成手順

(1) 年間指導計画の内容

　『学習指導要領解説　特別の教科 道徳編』第 4 章第 1 節では、年間指導計画について「次の内容を明記しておくことが必要である」として、「ア　各学年の基本方針」と「イ　各学年の年間にわたる指導の概要」の二つを挙げている[3]。またイに関連して八つの具備すべき事項が列挙されている[4]。

> （ア）指導の時期　（イ）主題名　（ウ）ねらい　（エ）教材
> （オ）主題構成の理由　（カ）学習指導過程と指導の方法
> （キ）他の教育活動等における道徳教育との関連　（ク）その他

　ただし指導計画は一覧表にして示すことが多く、すべての項目を記述することは困難である。実際には、「指導の時期」、「主題名」、「ねらい」、「学習指導過程と指導の方法」の四つ程度に絞って記載する場合が多いであろう。上で紹介した**表 12** の指導計画もそのような作りになっている。

(2) 年間指導計画の作成手順

　以上の留意点を踏まえて、年間指導計画の作成手順をフローチャートの形式

で整理しておく。

```
┌─────────────────────────────────────────────────────────────┐
│ ①重点化：生徒の実態などを考慮して、指導の基本方針や重点を確定する。    │
│                      ┌──────┐                                  │
│                      │中心価値│                                  │
│                      └──────┘                                  │
└─────────────────────────────────────────────────────────────┘
                              ⇓
┌─────────────────────────────────────────────────────────────┐
│ ②各主題の構成：発達段階を考慮して学習内容を明確にし、主題として構成する。 │
│        ┌────┐    ┌────┐      ┌────┐                            │
│        │主題1│    │主題2│      │主題3│  ……                       │
│        └────┘    └────┘      └────┘                            │
└─────────────────────────────────────────────────────────────┘
                              ⇓
┌─────────────────────────────────────────────────────────────┐
│ ③資料の作成：各主題に適した資料を作成または選択する。               │
│        ┌────┐    ┌────┐      ┌────┐                            │
│        │資料1│    │資料2│      │資料3│  ……                       │
│        └────┘    └────┘      └────┘                            │
└─────────────────────────────────────────────────────────────┘
                              ⇓
┌─────────────────────────────────────────────────────────────┐
│ ④指導方法の計画：各主題の展開の大要や学習指導の方法について計画する。   │
│       ┌─────┐   ┌─────┐    ┌─────┐                            │
│       │指導案1│   │指導案2│    │指導案3│  ……                      │
│       └─────┘   └─────┘    └─────┘                            │
└─────────────────────────────────────────────────────────────┘
                              ⇓
┌─────────────────────────────────────────────────────────────┐
│ ⑤構造化：各主題を年間にわたって配列する。                         │
│ ┌───────────┐ ┌───────────┐ ┌───────────┐                   │
│ │第1時（指導案○）│ │第2時（指導案○）│ │第3時（指導案○）│  ……          │
│ └───────────┘ └───────────┘ └───────────┘                   │
└─────────────────────────────────────────────────────────────┘
```

第3節　学習指導案

(1) 学習指導案の内容

　学習指導案とは、主題ごと、または1時間ごとの学習指導計画書のことである。一つの主題につき1時間の構成で計画するのが一般的である。また、通常、指導案の作成は学級担任が行う。これは、原則として学級担任が道徳科の指導に当たることになっているためである。

　学習指導案の形式は学校ごとに統一されていることが多い。しかし標準の形

式があるわけではないので、指導者が利用しやすい形にアレンジすればよい。

以下に指導案のフォーマット例を挙げる（**表 13**）。

表 13　中学校・学習指導案の形式

第○学年○組道徳科学習指導案

　　　　　　　　　　　　　○年○月○日（　）第○校時

　　　　　　　　　　　　　指導者　○○○○　印

　　　　　　　　　　　　　（内容項目　○・（○））

1．主題名　○○○○○
2．資料名「○○○○○○」（出典：　　　　　　　）
3．主題設定の理由
　（1）ねらいと価値について
　（2）生徒の実態について
　（3）資料について
4．本時のねらい
5．本時案（学習指導過程）

	学習活動	教師の発問と予想される生徒の反応	指導上の留意点
導入	○……	〈動機付け、問題意識付けの内容で〉	
展開	1…… 〈何を考えるかの学習課題〉 2…… 3……	・〈教師の発問〉 ・〈生徒の反応言葉〉 ＊教師の発問は具体的で、生徒にわかる言葉であること ＊複数の発問が考えられる ＊生徒の反応は整理し、種別する ＊展開を前段、後段と分けて考える必要はない	＊指導を成立させるためのさまざまな配慮事項や留意点を書く ＊評価の観点なども記述する

| 終末 | ○……
＊まとめ | ＊学習の定着を図り、ねらいの確認をする
＊資料によっては、実践に結びつく指導も工夫する | ＊印象強く、心に残るための留意点を記述する |

6．本時の評価
　　＊教師の発問、指示、生徒の反応、資料の使い方、話し合い等々授業全般にわたって具体的に評価する。

（出典：浅田俊夫、2014（一部改変））[5]

　ただし、【1. 主題名】【2. 資料名】【3. 主題設定の理由】【4. 本時のねらい】【5. 本時案】の五つの要素は、必ず指導案の中に書き込まなければならない。上のフォーマットと照合しながら各要素の内容を確認しよう。

【1. 主題名】

　ひとまとまりの学習内容を「主題」といい、主題に端的な名前をつけたものが「主題名」である。主題名のつけ方にはおもに二つある。一つは資料や学習素材から名前をつけるやり方である（例「言葉の向こうに」）。もう一つは、ねらいとする価値を主題名とする方法である（例「相互理解、寛容」）。

【2. 資料名】

　資料の題名と出典を明記する。また、一部を修正して使用する場合は、修正の内容や意図についても簡潔に記す。

【3. 主題設定の理由】

　主題設定の理由は、次の（1）～（3）に分けて記述するのが一般的である。

（1）価値観（ねらいと価値について）

　本時で取り扱う内容項目（道徳的価値）に関する、指導者自身の考えのことである。ここでは生徒の実態などには触れず、取り扱う道徳的価値そのものについての教師の見解を述べる。その価値が人間の生にとってどのような意義を

もつかなど、ある程度、普遍的な理念を記述することになる。

（2）生徒観（生徒の実態について）

　取り扱う価値に関わる、生徒の日常の様子や振る舞いについての所見のことである。現在の生徒の様子だけでなく、ねらいとする道徳性を身につけることでどのような人間に育ってほしいかなど、将来に向けた願いを記述してもよい。

（3）資料観（資料について）

　これは、資料に関する指導者の見解や指導上の着眼点のことを指す。資料のあらすじをまとめるだけでは不十分であり、また書く必要もない。むしろ、ここで書くべきは資料についての踏み込んだ分析である。たとえば、その資料は形式面・内容面からどの類型に属するのか、あるいは、ねらいとする道徳的価値との関わりからどのような指導効果が期待されるのか、などを考察する。

【4. ねらい】

　ねらいとは、本時で到達すべき具体的目標のことである。この項目では、道徳的価値を明示するとともに、その価値との関わりから生徒にどのような変容が期待されるかを記述する。生徒観でも述べた指導者の願いを、さらに詳しく論じることになる。その際、解説書の記述の引き写しにならないよう、具体的な生徒像を描くことが大切である。たとえば「積極性を育てる」といった抽象的記述ではなく、「周囲の人の思いに応え、進んで役立つことをしようとする心情を育てる」など、行為と結びついたイメージを述べる。

【5. 本時案】

　本時案の項目では、学習指導過程の大要を表形式で整理して示す。学習指導過程は、一般に、「導入」、「展開」、「終末」の三つの部分からなる。それぞれの局面での教師の発問や予想される生徒の反応など、学習活動をできるだけ具体的に記述する。また、指導上の留意点を適宜、記入する。

　言うまでもなく、本時案は授業づくりに直結する部分であり、学習指導案と聞けばこの箇所を思い浮かべる人も多いであろう。実際、いわば「水物」の授業が成功するかどうかは、本時案をどれだけ緻密に作りこむかによって決定的に左右される。以下では、本時案に絞って、学習指導案の書き方を確認する。

(2) 学習指導過程の構造

　以下に、「導入」、「展開」、「終末」の各段階での留意点を示す。

　①「導入」とは、学習への動機づけの段階である。ここで、ねらいとする道徳的価値が生徒の生活と関係の深いものであることを認識させ、自分のこととして学習に臨もうとする心構えを作る。

　②「展開」については、前段と後段に分けて考えることができる。

　前段では、まず資料を提示し、その内容を理解させてから、徐々に道徳的価値の考察へと導いていく。その際、補助発問により、生徒自身の生活背景に即して考えさせ、その後、資料によって切り開かれる別の視野に立って考えられるよう、対話や交流を通して段階的に誘導していく。このように、おもに資料を使って価値の探求を行うのが、展開の前段である。

　それに対して後段は、価値の一般化と主体的自覚を促す段階だといえる。ここで主発問を投げかけ、自身の生活背景をいったん括弧に入れた状態で、道徳的価値そのものの意義について深く考えさせる。その後、資料をとおして感得された価値について、再び資料を離れて、実生活のさまざまな場面において活用できるよう意識づけを図る。

　以上では、〈資料に基づく価値の探求〉と〈獲得された価値の実生活への応用〉という二つのねらいに即して、展開を前段と後段とに分けて考えた。ただし、前段と後段の区別に、あまりこだわる必要はないであろう。というのも、

学習活動として明確に区別せずとも、資料と現実とをいわば往復する仕方で、上記の二つのねらいを一体的に追求することも可能だからである。

　③終末は、学習内容をまとめるとともに、実践への意欲づけを図る段階である。学習の充実感を大切にしながら、感得された価値が心に残るよう工夫して授業を締めくくる。たとえば、指導者が説話を聞かせてまとめとする、感想文を書いて学習内容を整理する、感想を発表させる、などの方法が考えられる。

(3) 本時案を作成する際の留意事項

　道徳授業は、資料の選択と分析、指導法の検討など、一からすべてを手作りで準備するのが基本である。したがって他の教科と比べても、いっそう多くの時間と労力を事前研究に費やす必要が出てくる。しかし学習指導過程で押さえておくべきポイントが分かっていれば、事前研究の労がいくぶんかは軽減できる。また、本時案は、いうなれば授業の台本のようなものであり、これを具体的に固めておくことによって、授業の質を一定程度に保つことができる。加えて、授業の流れの青写真を手にしていれば、実施者は安心感を得られ、自信をもって授業に臨むことができるだろう。

　本時案では、計画される授業の流れをプロット形式で時系列的に記載する。記載すべき事項は、たとえば教師の発問や予想される生徒の応答、ワークシートやグループ討議などの指示および活動の様子などである。これから行われる授業の様子が手に取るように分かるように、あるいは、まるで既に行われた授業の報告であるかのように書かれているのが望ましい。

　特に詳しく記述すべきは生徒の反応である。発問に対してどんな答えが返ってくるのか、生徒の日頃の様子などを想起しつつ、想像力を働かせて書く。また、それらの応答一つひとつに対してどう受け答えするか、漠然とでよいので

想定しておく。こうした準備を十分に行っておけば、予想外の反応に出くわす心配は減るであろう。さらには、想像のなかで生徒とやり取りすること自体が、現実の授業において豊かな対話を行うための練習にもなるのである。

第4節　計画性と多様性の両立に向けて

　本章では、指導計画を作成する際の留意事項についてマニュアル的な整理を試みた。しかし、マニュアルは所詮、形式的な手引きであるにすぎない。ここで学んだことを活かして充実した授業を実際に展開していくためには、何にも増して、児童・生徒の日頃の姿を注意深く観察することが肝要なのだ。事前の計画に縛られすぎると、子どもの実態に即応した柔軟な対応が難しくなり、かえって学習者の求めるものからかけ離れた授業になる恐れがある。教師の目から学習者の実態について新しい気づきがあれば、それを反映させるよう指導の方向を修正していくことも大切である。

　私の個人的な印象であるが、教師は自分の計画に沿って、自身が思い描く理想の姿に子どもを適応させようとしがちである。このような姿勢は、教師に限らず、子どもの教育に関わる大人の中に広く見受けられるように思う（かく言う筆者自身も例外ではない）。しかし、この姿勢は教育、とりわけ学校教育の本来の目的に反する。河野哲也が指摘するように、学校教育の目的とは福祉である[6]。つまり、生活上何らかの支援を必要とする、社会的に不利な立場にある子どもたちのために、彼ら／彼女らの生活の質（QOL）を維持・向上させるためのサービスを提供すること、このことが学校教育の目的なのだ。

　第一章で論じたように、「道徳性」は、個人にとって幸福に生きるための重要な資質であり、したがって、道徳性の発達を保障することは、学校教育の任

務の一つである。ただし、各個人が望む生活の質や思い描く幸福の形は、さまざまに異なる。学校教育はこの前提に立って進められなければならない。なぜなら、子どもが望む生活の質に応じて教育の内容や方法を変えるのでなければ、正しい支援になりえないからである。

　「他者と協調しつつ自律的に生きる力」が教育の目標として掲げられるようになってから久しい。この考えの先にあるのは、互いに異なる価値観やそのバックグラウンドを認めあい、誰一人として取り残さないという理想である。当然、学校教育もこの理想のもとに行われる必要がある。すなわち、学校教育は、各人が自分の望む生活の質を実現する平等な機会を保障するという意味で、〈社会の公正〉を実践する場でなければならない。「特別の教科　道徳」には、そのための中心的な役割を担うことが期待される。学校教育の使命を大局的な視座から捉え、具体の学習計画にそれを反映させることができれば、道徳科は子どもの福祉に資する有意義なものとなるにちがいない。

注

（1）深澤久『道徳授業原論』日本標準、2004 年、136 頁。

（2）小寺正一「道徳科の指導」、小寺正一・藤永芳純編『四訂　道徳教育を学ぶ人のために』第 6 章、世界思想社、2016 年、187 頁。

（3）文部科学省『中学校学習指導要領解説　特別の教科 道徳編』教育出版、2018 年、71 頁。

（4）同上、71-72 頁。

（5）浅田俊夫「学習指導案作成の手順」、谷合明雄・津田知充・後藤忠編『こうすれば道徳指導案が必ず書ける：小学校・中学校：教科化で問われる道徳の"授業力"』第 2 章 2(1)、教育開発研究所、2014 年、34 頁。

（6）河野哲也『道徳を問いなおす：リベラリズムと教育のゆくえ』筑摩書房、2011 年、82 頁。

おわりに

　道徳が教科化された経緯や、教科化に関わる懸念について、本編のなかで述べました。道徳科は「考え、議論する道徳」への転換を謳い、子どもの主体性や多様性を尊重しています。しかし、日本の学校教育の歴史を想起するとき、道徳科がかつての修身科と同じ道を歩むことになりはしないか、やはり心配になります。いまのところ正道を歩んでいるように見える道徳科ですが、それが偏狭な思想教育へと転じることなどないと、どうして断言できるでしょうか。道徳科が今後どう展開していくかは、まったく不確定です。

　この不確定性は、道徳の教科内容の曖昧性に由来する部分が大きいと筆者は考えます。検定教科書はあくまでも道徳を教える素材であって、それをどう授業に落とし込むかは教師に委ねられています。これは、実施者のねらいに応じて自由に授業をアレンジできるということです。目の前の児童・生徒の実態に即して柔軟に対応できるので、教科内容が曖昧であることは必ずしも悪いことではありません。

　しかし、授業者の側で確固たる理念がなければ、授業はあらぬ方向へ展開していき、ひいては日本の道徳教育の全体が歪な形に変容してしまうかもしれません。ここでいう理念とは思想やイデオロギーのことではありません。そうではなく、理念とは学問的な原理のことです。どの教科にも、その内容を客観的・合理的に裏づける土台となる学問分野、すなわち親学問が存在します。たとえば算数では数学が、理科では自然科学が、また国語においては国語学や国文学などが、それぞれ基礎となる学問的知見を与えてくれます。各教科は、このように科学的に根拠づけられることによって、はじめて正当な教科として妥当性

をもつことができるのです。そして、道徳が正当な教科になるためには、倫理学がその学問的土台の役割を担わなければならない、というのが私の考えです。「はじめに」で紹介した教師は、彼女の個人的な信条に基づいてあのような指導をしたのでしょう。しかし、その指導には、何ら客観的・科学的な裏づけがありませんでした。このようないかがわしい教育が、「特別の教科」という名のもとに公然と行われるようになるとしたら、子どもにとってこれほど不幸なことはありません。

　本書では、理論を扱う章はもちろん、歴史や実践に関わる各章も倫理学の視点から考察してきたつもりです。その意図は、道徳科に学問的な根拠を与えることにありました。その意味では、本書は終始一貫して倫理学という理論の枠内に収まっています。とはいえ、読者は倫理学の視点を得ることによって、どのような授業を実践していくか多少なりとも見通しが立ったのではないでしょうか。この本が、道徳教育という困難な課題に立ち向かう皆さんに、少しでも役に立つことを祈っています。

参 考 文 献

第 I 部　道徳の哲学

アリストテレス（渡辺邦夫・立花幸司訳）『ニコマコス倫理学』（上）・（下）、
　　光文社、2015・2016年。
カント（深作守文訳）『人倫の形而上学の基礎づけ』理想社、1965年。
ニーチェ（木場深定訳）『道徳の系譜』岩波書店、1964年。
ベンサム（中山元訳）『道徳および立法の諸原理序説』筑摩書房、2022年。
ミル（関口正司訳）『功利主義』岩波書店、2021年。
レイチェルズ, J.（古牧徳生・次田憲和訳）『現実をみつめる道徳哲学：安楽死
　　からフェミニズムまで』晃洋書房、2003年。

第 II 部　道徳教育の歴史

伊ケ崎暁生・吉原公一郎編『戦後教育の原典2　米国教育使節団報告書』現代
　　史出版会、1975年。
江島顕一『日本道徳教育の歴史：近代から現代まで』ミネルヴァ書房、2016
　　年。
大森直樹『道徳教育と愛国心：「道徳」の教科化にどう向き合うか』岩波書店、
　　2018年。
貝塚茂樹『戦後教育改革と道徳教育問題』日本図書センター、2001年。
文部省『学制百年史（記述編）』帝国地方行政学会、1972年。
文部省『学制百年史（資料編）』帝国地方行政学会、1972年。

第 III 部　道徳教育の理論

荒木紀幸監修『モラルジレンマ教材でする白熱討論の道徳授業　中学校・高等
　　学校編』明治図書出版株式会社、2013年。
尾高正浩『「価値の明確化」の授業実践』明治図書出版株式会社、2006年。
ギリガン, C.（川本隆史ほか訳）『もうひとつの声で：心理学の理論とケアの倫

理』風行社、2022 年。

コールバーグ（内藤俊史ほか訳）『道徳性の発達と教育　コールバーグ理論の
展開』新曜社、1985 年。

ラス, L. E・ハーミン, M.・サイモン, S. B.（福田弘ほか訳）『道徳教育の革新：
教師のための「価値の明確化」の理論と実践』ぎょうせい、1991 年。

リコーナ, T.（三浦正訳）『リコーナ博士のこころの教育論：「尊重」と「責任」
を育む学校環境の創造』慶應義塾大学出版会、1997 年。

第Ⅳ部　テーマ別研究

伊勢田哲治『哲学思考トレーニング』筑摩書房、2005 年。

荻上チキ『検証　東日本大震災の流言・デマ』光文社、2011 年。

香川知晶『命は誰のものか』ディスカバー・トゥエンティワン、2021 年。

川本隆史編『ケアの社会倫理学：医療・看護・介護・教育をつなぐ』有斐閣、
2005 年。

西野泰代・原田恵理子・若本純子編著『情報モラル教育：知っておきたい子ど
ものネットコミュニケーションとトラブル防止』金子書房、2018 年。

伴信太郎・藤野昭宏編『医療倫理教育』丸善出版、2012 年。

第Ⅴ部　道徳教育の実践

柴原弘志編著『中学校 1 年の道徳授業 35 時間のすべて：板書＆指導案でよく
わかる！』明治図書出版、2019 年。

髙宮正貴『価値観を広げる道徳授業づくり：教材の価値分析で発問力を高める』
北大路書房、2020 年。

谷合明雄・津田知充・後藤忠編『こうすれば道徳指導案が必ず書ける：小学校・
中学校：教科化で問われる道徳の"授業力"』教育開発研究所、2014 年。

深澤久『道徳授業原論』日本標準、2004 年。

桃﨑剛寿編著『現場発！「道徳科」30 授業実践：キーワードは新学習指導要領
からの言葉』日本標準、2015 年。

柳沼良太・鈴木明雄・江川登編著『生徒が本気になる　問題解決的な道徳授業・
中学校　「考え、議論する道徳」の実践事例集』図書文化社、2018 年。

索　引

事項索引

人名索引

梶尾悠史（かじお・ゆうし）

1981年岡山県生まれ。東北大学文学部卒業。東北大学大学院
文学研究科博士課程修了。博士（文学）。株式会社日本標準など
を経て、現在、奈良教育大学教育学部准教授。専門は哲学・倫
理学。
主な著書に、『フッサールの志向性理論──認識論の新地平を拓く』
（晃洋書房）。

倫理学から考える道徳教育──歴史・理論・実践

2023年3月31日　初版発行

著　者　　梶尾 悠史
発行所　　株式会社　三恵社
　　　　　〒462-0056 愛知県名古屋市北区中丸町2-24-1
　　　　　TEL 052-915-5211　FAX 052-915-5019
　　　　　URL https://www.sankeisha.com/